Музыка: искусство, наука, мастерство

Г. Л. Катуар

ТЕОРЕТИЧЕСКИЙ КУРС ГАРМОНИИ

В двух частях

Издание второе

URSS
МОСКВА

ББК 85.31

Катуар Георгий Львович

Теоретический курс гармонии: В 2 ч. Изд. 2-е. — М.: Книжный дом «ЛИБРОКОМ», 2012. — 200 с. (Музыка: искусство, наука, мастерство.)

Вниманию читателей предлагается книга известного отечественного композитора и музыкального теоретика Г. Л. Катуара (1861–1926), в которой излагается теоретический курс гармонии. Автор ставит целью построить систему, объединяющую существующие в музыке аккорды, объяснить их происхождение, их взаимную связь и функциональное значение. Теоретический анализ явлений гармонического мира сопровождается большим количеством примеров, что, по мнению автора, должно дать ключ к толкованию самых сложных гармоний.

Книга, состоящая из двух частей, впервые вышла в свет в 1925 году и была рекомендована творческим отделом Московской консерватории в качестве учебного пособия по курсу специальной гармонии. Она и сегодня будет полезна теоретикам музыки, учащимся музыкальных учебных заведений и преподавателям.

Издательство «Книжный дом “ЛИБРОКОМ”».
117335, Москва, Нахимовский пр-т, 56.
Формат 60×90/16. Печ. л. 12,5. Зак. № ЖО-54.

Отпечатано в ООО «ЛЕНАНД».
117312, Москва, пр-т Шестидесятилетия Октября, 11А, стр. 11.

ISBN 978-5-397-02546-1

11185 ID 157889
9 785397 025461

Г. КАТУАР

Проф. Моск. Госуд. Консерватории

ТЕОРЕТИЧЕСКИЙ КУРС
ГАРМОНИИ

Рекомендуется Творческим Отделом Моск. Консерв. как пособие при прохождении курса Специальной гармонии.

Часть I-ая.

ГОСУДАРСТВЕННОЕ ИЗДАТЕЛЬСТВО
МУЗЫКАЛЬНЫЙ СЕКТОР
МОСКВА
1925

Введение.

Курс гармонии, обычно входящий в программу наших музыкальных школ сводится исключительно к практическому изучению этой дисциплины: ученик вводится постепенно в круг некоторых, наиболее часто встречающихся аккордов и ему предлагается ряд упражнений в наиболее складном применении этих аккордов, в наиболее естественном, чаще всего встречаемом сочетании их между собой. Тут говорится только о некоторых аккордах и совершенно умалчивается о многих других, правда, реже встречающихся, но тем не менее вполне возможных; далее, ни слова не говорится о происхождении, образовании аккордов, их взаимоотношении, исполняемых ими функциях, наконец о возможности дальнейшего обогащения круга гармоний. Поэтому все распространенные у нас учебники гармонии совершенно правильно именуются „руководствами к практическому изучению гармонии“. Но ясно, что такое изучение гармонии не полно и далеко не исчерпывает этой дисциплины во всех ее видах.

В предлагаемом курсе гармонии мы сделаем попытку заполнить этот пробел: мы постараемся построить систему, объединяющую существующие в нашей музыке аккорды, объяснить их происхождение, их взаимную связь, их функциональное значение и усмотреть возможность их дальнейшего обогащения.

В противоположность вышеупомянутым учебникам такой курс можно назвать *теоретическим.* Предлагаемый теоретически обоснованный анализ явлений гармонического мира, освященный рядом литературных примеров, должен дать нам ключ к толкованию самых сложных гармоний не только старой, но и новейшей музыки, поскольку конечно последняя не противоречит незыблемым принципам, несомненно лежащим в основе нашего искусства и тем самым не нарушает музыкальной логики.

В основу настоящего труда легли некоторые положения, почерпнутые автором из сочинения по гармонии Геварта (Gevaert, Traité d'Harmonie); из этой же ценной книги заимствован отчасти способ обозначения аккордов, а также многие литературные примеры. Тем не менее автор полагает, что во многих отношениях его работа носит характер и вполне самостоятельный. Удалось ли ему пролить хоть некоторый свет на сложные явления гармонического мира, предоставляется судить читателю.

Чтению предлагаемого курса должно предшествовать знакомство с гармонией в пределах наших практических учебников.

ГЛАВА I.

Диатоническая система.

Гармоническое родство тонов.

1. Тоны разной высоты находятся между собой в определенном взаимоотношении, не случайном, не условном, но вытекающем непосредственно из сущности вещей, из явлений акустики. Основанием для определения взаимоотношения тонов разной высоты с данным тоном служат свойства *натурального ряда*; так называется, как известно, существующий в акустике звукоряд, составленный из данного тона и ряда его обертонов. Музыкальный звук только в редких случаях является *простым тоном*; чаще всего, как учит физика, данный тон, напр.:  разлагается на ряд простых тонов, лежащих выше данного, числа колебаний коих относятся к числу колебаний данного, самого низкого тона, как ряд простых чисел:

1. 

и т.д.

Эти простые тоны, начиная с второго, называются *обертонами* *) данного основного тона; если принять за единицу число колебаний данного тона, числа колебаний обертонов будут соответственно—2, 3, 4, 5 и т. д. Из этого звукоряда слухом воспринимается совершенно ясно только первый основной тон; присутствие простых тонов, лежащих выше основного, его обертонов, только редко уловимых слухом и звучащих чем выше, тем слабее, может быть легко обнаружено путем „созвучания“ натянутой струны соответствующей высоты или особого снаряда, резонатора. Из этого ряда обертонов, как уже сказано, яснее всех звучат первые.

---

*) Вторым обертоном принято называть не *третий*, а *второй* простой тон ряда и т. д.

От присутствия тех или иных высоких обертонов зависит, как известно, окраска тона, его *тэмбр*. Из приведенного звукоряда видно, что наиболее близким к данному тону является его второй обертон; он настолько родственен ему, что воспринимается нашим слухом как *тот же* музыкальный звук, но на другой высоте. Это—соотношение *октавы*, собственно не дающее нам нового тона. Следующий по порядку, третий обертон дает нам уже *новый тон*, представляющий самостоятельную звучность и притом наиболее близкий к данному по гармоническому родству,—это дуодецима. Пренебрегая октавой, мы приходим к заключению, что *квинта* является тоном *наиболее родственным к данному*. Это—*первая степень гармонического родства* тонов. На этом основании мы будем располагать тоны по гармоническому родству в виде *ряда квинт*. C—G - D—A—E—H и т. д.

2. Пренебрегая затем четвертым обертоном, дающим только повторение октавы, приходим к пятому обертону, представляющему собой опять новую, самостоятельную звучность: это—септдецима или, за вычетом двух октав, *большая терция* к нашему основному тону. Большая терция является таким образом *второй степенью гармонического родства* тонов.

Итак мы видим, что одновременно с данным тоном всегда звучат, хоть и значительно слабее его, его дуодецима

и септдецима:)[1] 

В отличие от простого тона, C, будем называть это сочетание, воспринимаемое слухом как один тон, *созвуком C*. Заменяя дуодециму и септдециму квинтой и терцией, получим *мажорное трезвучие*, являющееся таким образом наиболее совершенным консонирующим сочетанием трех тонов, так как квинта и терция, как мы видим, всегда присущи данному тону, содержатся в нем в виде дуодецимы и септдецимы, звучат одновременно с ним.

Это почерпнутое из физики сочетание трех тонов служит основой нашей гармонии. Оно вызывает в слушателе ощущение полного покоя и равновесия.

Образование диатонической системы.

3. Как мы уже видели, к данному тону C в ближайшем гармоническом родстве будет его квинта вверх: G; в таком же гармоническом родстве с ним будет, очевидно, и квинта вниз от него, т.-е. тон F. На таком же основании мы должны считать наиболее родственными к данному *созвуку* C, *и созвуки G и F*. Из сопоставления таких трех ближайших по гармоническому родству созвуков:

C	G	D
A	E	H
F	[C]	G
s	t	d

создается *простейшая тональная система.* В ней мы будем называть C—*тоникой*, G—*доминантой*, F—*субдоминантой*. Построенные на них созвуки будем обозначать: тонический через *t*, доминантный через *d*, субдоминантный через *s*.

Созвук t является центром системы, моментом полного равновесия, от которого мы делаем отклонения в ту или другую сторону к смежным с ним созвукам, при чем каждый раз нарушается равновесие, создается конфликт и тяготение обратно к центру, к полному равновесию. Такое отклонение от нашего основного созвука к смежным с ним созвукам и возвращение к нему обратно составляет как бы зародыш нашего искусства, сущность нашей музыки.

Располагая тоны, входящие в состав нашей тональной системы по гармоническому их родству, т.-е. по квинтам, получим *семитонный* (*гептафонный*) *звукоряд*, который будем называть *диатонической системой.*

F [C] G D A E H

Такой звукоряд однако не совпадает в точности с рядом семи чистых квинт. Дело в том, что тоны A, E и H определяются здесь как большие терции от тонов F, C и G и звучат поэтому на комму, $\frac{80}{81}$, ниже тех же тонов, определяемых как чистые квинты. Но в принятой нами темперованной системе мы пренебрегаем этой разницей и считаем указанный ряд семи тонов, составляющий нашу диатоническую систему, совпадающим с рядом семи чистых квинт.

4. Если на основании *гармонического* родства мы располагаем тоны по квинтам, то по *мелодическому их родству* мы должны располагать их по их относительной высоте; тоном наиболее родственным *мелодически* к данному тону мы должны признать тон *наиболее близкий к нему по высоте.* Располагая тоны нашего диатонического ряда по их мелодическому родству, т.-е. по их относительной высоте, получаем следующий ряд целых тонов и полутонов:

C D E F G A H,

это—наша *основная гамма.* Обозначая ступени этой гаммы римскими цифрами: I II III IV V VI VII, мы можем изобразить нашу диатоническую систему независимо от высоты нашей тоники, следующей формулой:

IV [I] V II VI III VII

О церковных ладах.

5. В древности и в средние века консонирующим интервалом, кроме октавы, признавалась только квинта; большая терция не считалась консонансом. Поэтому мажорного созвука не существовало; не было тонического, доминантного и субдоминантного трезвучий; не было осознано значение тоники как центра тональной системы; не было стало-быть и определенного чувства тональности *).

В те времена гармонии не было; музыка сводилась исключительно к гомофонному пению, правда, часто в сопровождении одной выдержанной ноты или квинты ввиде педали. За отсутствием ясно сознанной тоники, можно было любой тон основной гаммы считать первым и с него начинать ряд. Так создались древние и церковные лады. Они воспринимались чисто мелодически. Туманным намеком на тональность в них служит только то, что посреди мелодии всегда квинта от главного тона служила как бы точкой опоры; на ней делалась временная остановка; кончалась же мелодия полной остановкой на главном тоне, который потому и назывался „*finalis*"—конечным. Главный тон и квинта служили как бы остовом, на котором строился тот или иной лад. Мелодия строилась по двум типам. По первому, автентическому, она вращалась в пределах октавы от главного тона до его верхней октавы, с остановками на верхней квинте и с окончанием на главном тоне; это создало „*автентические лады*". По второму типу, она вращалась в пределах между нижней квартой от главного тона до ее верхней октавы, т.-е. до верхней квинты и кончалась так же главным тоном; так создались „*плагальные лады*". В церковной музыке средних веков установлены были следующие лады:

1) Дорийский 

2) Гиподорийский 

3) Фригийский 

4) Гипофригийский 

*) Надо предполагать, однако, что чувство тональности было всегда, как бы *в скрытом виде*, присуще людям, всегда таилось в их сознании: это усматривается из того, что наша диатоническая система, созданная, как мы видели, взаимоотношением тоники, доминанты и субдоминанты, существовала с глубокой древности.

5) Лидийский 

6) Гиполидийский 

7) Миксолидийский 

8) Гипомиксолидийский 

Только в конце средних веков к этим восьми ладам были присоединены еще четыре лада, наши мажорный и минорный, с соответствующими им плагальными ладами, те именно лады, которым суждено было впоследствии вытеснить все остальные:

9) Ионийский 

10) Гипоионийский 

11) Эолийский 

12) Гипоэолийский 

Приведенные названия взяты из греческой музыки; но в средние века значение этих терминов совершенно не соответствовало первоначальному. Как, видно, для плагальных ладов к основным названиям присоединялась приставка „гипо“.

У древних существовали не все вышеуказанные лады; так, первого лада у них не было совсем. По времени возникновения, древнейшим ладом у них был третий, который назывался „Дорийским“, затем появился одиннадцатый, так же называвшийся „Эолийским“ и т. д. Гаммы у них писались сверху вниз. Только написанные в автентических ладах мелодии считались у них нормальными; мелодии же написанные в плагальных ладах считались „распущенными“ (*relachés*) *).

В плагальных ладах мелодии кончались иногда не главным тоном, а нижней квартой; это часто встречалось в древне-греческих мелодиях и светских средневековых, реже в церковных. Тогда главный тон исполнял, как будто, функцию нашей субдоминанты, а нижняя кварта—нашей тоники.

*) Слово πλαγός значит: кривой, извилистый.

В таких плагальных мелодиях слышится наша „плагальная каденция“. См. пример 5.

Приведем примеры церковных, католических песнопений в разных ладах, заимствованных у Геварта (Traité D'Harmonie):

Гимн Божьей матери.

1. Дорийский.

Антифон страстной недели.

2. Фригийский.

Антифон.

3. Лидийский.

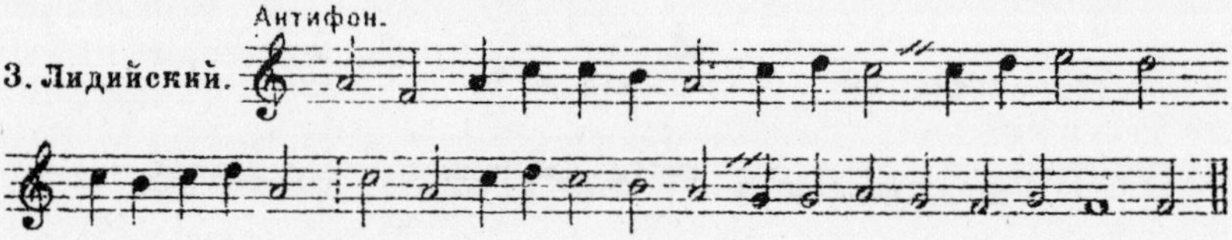

4. Миксолидийский.

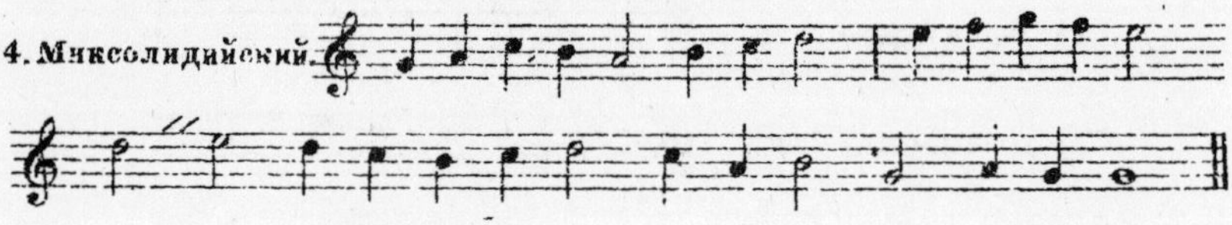

Гимн Te Deum.

5. Гипоэолийский.

Как видно, из двух первых примеров, мелодия могла иногда спускаться на ступень ниже „*finalis'a*“; она также могла подыматься на ступень выше его октавы.

6. К концу средних веков постепенно развилось многоголосие, выработался полифонический стиль в церковных ладах, достигший своего расцвета в XVI-м столетии, в эпоху Палестрины. Вместе с многоголосием родилась и гармония. После многовековой внутренней работы большая терция была наконец признана консонансом, было осознано значение мажорного созвука, взаимоотношение тоники и доминанты и их роль в создании тональной системы. Установилось чувство тональности и стало постепенно ясно, что церковные лады идут с ним часто в разрез. В самом деле в

музыке, написанной в этих ладах, мы усматриваем всегда отсутствие тональности и функционального значения гармоний *посреди построений*. К концу их однако было неизбежно установить тональность путем каденции, что приводило к повышению VII-ой ст. для создания доминанты (также—к понижению VI-ой ст. лидийского лада, для создания субдоминанты), другими словами, к нарушению церковных ладов.

Вот, что пишет Риман о гармонии эпохи Палестрины: „Гармония того времени, в общем *блуждающая и неопределенная*, должна была поневоле хоть для окончания пьесы или части пьесы найти возможные приемы, которые давали бы впечатление заключения“. В другой статье он пишет: „развитие гармонической музыки, сознание значения консонирующих аккордов (трезвучий) и их положения в строе (тоника, доминанта) неизбежно привели к устранению церковных ладов и к исключительному господству двух наклонений, мажорного и минорного“.

Мы увидим дальше, что мажор и минор с своей стороны являются ладовыми разновидностями одной общей 10-тонной системы, при одной постоянной тонике. Как говорит Геварт, господствовавшая до XVI-го века *гекзархия* уступила место *монархии*, господству одной тоники.

Если приведем все церковные лады к одной тонике, получим следующую таблицу:

Дорийский

Лидийский

Ионийский

Фригийский

Миксолидийский

Эолийский

Из этой таблицы видно, что дорийский лад отличается от нашего натурального минора повышенной VI-ой ступенью, фригийский же лад—пониженной II-ой ст.; лидийский лад отличается от нашего мажора повышенной IV-ой ст.; миксолидийский—пониженной VII-ой ст.

Все перечисленные здесь хроматические изменения ступеней основной гаммы *при неизменном остове тоники и доминанты*, встречаются, конечно, и в мелодических оборотах нашей современной музыки, построенной в хроматической системе и при том *без всякого нарушения чувства тональности*. В ней же вполне возможны и другие хроматические изменения ступеней основной гаммы, создающие новые мелодические обороты, чуждые церковным ладам. Хроматические изменения ступеней основной гаммы входят также в образование аккордов нашей музыки. Часто мелодические обороты, лишенные гармонизации носят, как будто, экзотический (для нашего современного слуха) характер, свойственный церковным ладам: при гармонизации их, однако, это впечатление утрачивается:

Лядов. Op. 11, №2.

2. 

Мелодически—*дорийский лад.*

Гармонически—*субдоминантаккорд S*: 

Шопэн. Op. 56, № 2.

2ª. 

Мелодически—*лидийский лад.*

Гармонически—*мажорный субдоминантаккорд* D_{II}: 

с выдержанными в басу тоникой и доминантой, после которого следует доминантаккорд D.

Шопэн. Op. 41, №1.

2ᵇ 

Мелодически—*фригийский лад.*

Гармонически—*субдоминантное трезвучие* 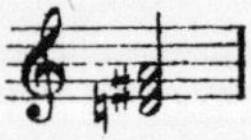 *пониженной II-ой ступени.*

Протодиатоническая система:

8. У многих народов разных местностей и эпох (у инородцев Америки, китайцев, монголов, кельтов) был, и сейчас еще существует, звукоряд, более простой, и может быть более древний, чем наша диатоническая система; это—звукоряд, состоящий всего только из *пяти* тонов, так называемая *протодиатоническая* или *пентафонная* (пятитонная) система:

C G D A E

Как видно, в ней отсутствуют две крайних квинты диатонической системы: F и H.

В этом звукоряде каждый из тонов, кроме E, мог служить главным, чем создавалось четыре разных лада, (тон E лишен квинты H и потому не мог служить главным).

Лад с главным тоном C соответствует нашему мажору, лишенному IV-ой и VII-ой ст.:

C	G	D	A	E
I	V	II	VI	III

или в мелодическом расположении:

C D E G A

Мелодии, написанные в этой пятитонной системе встречаются и в нашей современной музыке; отсутствие IV-ой и VII-ой ст., создающих диссонирующий интервал тритона или уменьшенной квинты, придает этим мелодиям характер ненарушимого покоя. Таковы темы Валгаллы и дочерей Рейна в „Золоте Рейна“ Р. Вагнера.

3.  и т. д.

3а. 

Определение интервалов.

9. Распределение тонов по квинтам дает нам новый ключ к определению и новый порядок распределения интервалов, образуемых этими тонами между собой. Такой новый способ определения интервалов и новый порядок их распределения приводят нас, как увидим, к очень важным выводам.

Будем определять интервалы, образуемые любым дантоном квинтового ряда:

.....ES	B	F	C	G	D	A	E	H
0	1	2	3	4	5	6	7	8

FIS	CIS	GIS	DIS	AIS	EIS	HIS.....
9	10	11	12	13	14	15

например первым ES, со всеми другими тонами этого ряда, приближая эти тоны к первому на расстояние меньшее октавы сверху и снизу, что даст нам каждый раз пару обращенных интервалов. Цифры под буквами указывают на число квинт между первым тоном ES и последующими.

	Число квинт.			*Интервалы.*	
ES — ES	[0]	квинт	дает	чис. 1, чис. 8	Диатонические интервалы
B — ES	1	„	„	чис. 5, чис. 4	
F — ES	2	„	дают	мал. 7, больш. 2	
C — ES	3	„	„	мал. 3, больш. 6	
G — ES	4	„	„	больш. 3, мал. 6	
D — ES	5	„	„	больш. 7, мал. 2	
A — ES	[6]	„	„	ум. 5, ув. 4	
E — ES	7	квинт	дают	ув. 1, ум. 8	Хроматические интервалы
H — ES	8	„	„	ув. 5, ум. 4	
FIS — ES	9	„	„	ум. 7, ув. 2	
CIS — ES	10	„	„	ув. 6, ум. 3	
GIS — ES	11	„	„	ув. 3, ум. 6	
DIS — ES	[12]	„	„	ум. 2, ув. 7	
AIS — ES	13	квинт	дают	дв. ув. 4, дв. ум. 5	Ультрахроматические интервалы.
EIS — ES	14	„	„	дв. ув. 1, дв. ум. 8	
HIS — ES	15	„	„	дв. ум. 4, дв. ув. 5	
	и т. д.				

Из этой таблицы видно, что первые шесть квинт, составляющие нашу диатоническую систему, дают нам *все чистые, малые и большие интервалы* и по *одному уменьшенному и увеличенному* (ув. кварта и ум. квинта); это—так называемые *диатонические интервалы. Ими исчерпываются все возможные в темперованной системе звуковые сочетания.*

С седьмой квинты начинается область хроматизма: это—*все увеличенные и уменьшенные интервалы* (кроме тритона). Они создают звуковые сочетания, повторяющие энгармонически все звучности, уже созданные диатоническими интервалами, но в обратном порядке:

увелич. 1 звучит как мал. 2
увелич. 5 „ „ мал. 6 и т. д.
наконец, уменьш. 2 „ „ чис. 1

Итак *двенадцать квинт приводят нас к энгармоническому унисону*. С тринадцатой квинты мы вступаем в область ультра-хроматизма. Это—*дважды увеличенные и дважды уменьшенные интервалы*, энгармонически повторяющие снова звуковые сочетания диатонических интервалов, но на этот раз в прямом порядке.

10. Наша таблица создает очень важный для нас *порядок распределения интервалов*: чем большее число квинт обнимает данный интервал, тем он будет считаться нами *выше по порядку*.

Таблица наша дает нам кроме того возможность определять, *сколько раз данный интервал встречается в данном звукоряде*. Для этого надо поступать так: *из общего числа тонов звукоряда следует вычесть число квинт, образующих данный интервал.*

Остановимся пока на диатонической системе и попробуем определить по указанному способу число имеющихся в ней интервалов каждого типа:

Число квинт образующих интервал.	*Род интервала.*	*Число встречающихся в диатонической системе интервалов каждого рода.*	
1	чис. 5	7 — 1 = 6	IV I V II VI III VII
2	мал. 7	7 — 2 = 5	IV I V II VI III VII
3	мал. 3	7 — 3 = 4	IV I V II VI III VII
4	больш. 3	7 — 4 = 3	IV I V II VI III VII
5	больш. 7	7 — 5 = 2	IV I V II VI III VII
6	ум. 5	7 — 6 = 1	IV I V II VI III VII

Итак, *чем выше по порядку интервал, тем он меньше повторяется в данной системе*. Высший интервал в системе, обнимающий все ее квинты, встречается в ней только один раз; так, высший интервал диатонической системы, тритон, обнимающий шесть квинт, встречается в ней только один раз.

11. Для того, чтобы определить, сколько раз встречается в данной тональной системе какой-нибудь аккорд, очевидно достаточно определить, сколько раз в ней встречается *высший по порядку интервал*, входящий в построение данного аккорда. Так, в диатонической системе мажорные и минорные трезвучия встречаются каждое по три раза, так как высший по порядку интервал, образующий и то и другое трезвучие, один и тот же: большая терция, имеющая всего три положения в данной системе.

То же правило, очевидно, применимо для определения числа интервалов и аккордов в тональных системах, содержащих большее число тонов, чем диатоническая.

ГЛАВА II.

Образование аккордов диатонической системы.

1. Создатель нашей системы гармонии, Рамо, а за ним, кажется, все теоретики, ставят в основу образования аккордов следующую аксиому: *всякое сочетание тонов, могущее быть расположенным в виде ряда терций образует аккорд, всякая иная совокупность тонов будет „случайным сочетанием"*.

Сделаем попытку, основываясь на данных, изложенных в главе 1 § 3, построить теорию образования наших аккордов, которая привела бы нас к доказательству вышеприведенного положения.

2. Как мы уже говорили, музыкальное движение, в своей основе, сводится к отклонению от тоники, созвука t, состояния *полного равновесия*, в сторону доминанты, созвука d или субдоминанты, созвука s, состояний лишь *относительного равновесия*, с тяготением вернуться обратно в t, в состояние полного покоя.

Отклонение гармонии от t в сторону d или s, также обратно, сводится к мелодическому смещению голосов от тонов, принадлежащих данному созвуку к смежным с ними тонам в пределах диатонического ряда. Такое смещение голосов вызывает нарушение равновесия и тяготение к данному созвуку обратно.

Смещение *вверх или вниз терции* созвука, так же: отклонение основного *тона его вверх* или *квинты его вниз*, не создает новых аккордов, а только резко диссонирующие сочетания, при чем мы не выходим из пределов созвука:

4.

Поэтому, при отклонении одного тона трезвучия ограничимся смещением *квинты вверх или основного тона вниз.*

Смещение одного из тонов в созвуке t.

3. Смещение *основного тона созвука t вниз или квинты его вверх* создает новые по своему построению трезвучия: это— *минорные созвуки* III-ей и VI-ой ст.:

4а.

Такое отклонение одного из тонов t носит характер *нерешительный, неопределенный* и не приводит нас еще к созвукам d и s.

Трезвучия III-ей и VI-ой ст. служат *заместителями тонического трезвучия* и как таковые исполняют функцию *тонических аккордов:*

5.

Смещение одного из тонов созвука d.

4. Смещение *основного тона созвука d вниз или квинты его вверх* создает новые трезвучия VII-ой и III-ей ст.:

6.

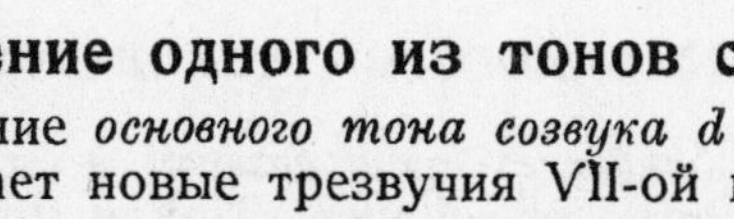

Первое из них, *уменьшенное трезвучие,* единственное в диатонической системе по своему строению. Оба эти трезвучия могут служить заместителями d:

6а.

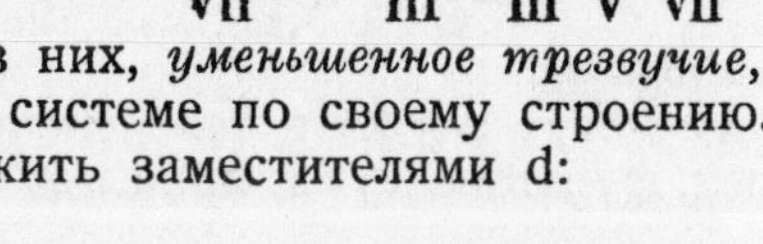

Первое из них, трезвучие VII-ой ст., *не может исполнять никакой другой функции, кроме доминантной* и потому принадлежит *исключительно доминантной группе*, наравне с трезвучием V-ой ст.

Наоборот, второе из них, трезвучие III-ей ст., как мы уже видели, может служить также заместителем трезвучия I-ой ст.; оно находится как бы на полпути между t и d.

7. 

Будем обозначать его в функции тоники через III_t, в функции же доминанты через III_d.

При переходе от t к d оно образуется иногда задержанием квинты в d; при обратном переходе—задержанием основного тона t:

8. 

Хотя оно и может замещать собой в некоторых случаях доминантное трезвучие, чаще в виде секстаккорда, как мы видим в пр. 6а, 2)*), однако основной тон его, III-ья ст., воспринимается при этом всегда как задержание к квинте доминантного трезвучия или как предъем к тоническому трезвучию; *он ни в каком случае не может служить основным басом* (см. § 6а) *доминантной гармонии.* Значение трезвучия III-ей ст. как доминантной гармонии—неопределенно; значение его как тонической гармонии является безусловно преобладающим.

Смещение одного из тонов созвука s.

5. Смещение *основного тона созвука s вниз или квинты его вверх* создает новые трезвучия VI-ой и II-ой ст.

9. 

Оба они—*минорные.*

Эти трезвучия могут служить *заместителями s*, и как таковые исполняют функцию субдоминанты:

9a 

---

*) Другие примеры мы находим в § 18, а) (пр. 35) и дальше в гл. III § 9 в (пр. 61 в, 62 в).

Первое из них, как мы уже видели, может служить также заместителем t: оно находится как бы на полпути между t и s:

10.

Будем обозначать трезвучие VI-ой ст. в функции тоники через VI_t, в функции же субдоминанты через VI_s.

При переходе от t к s и обратно оно образуется иногда задержанием основного тона в одном из них или квинты в другом:

11.

Наоборот второе из них, трезвучие II ой ст., *не может исполнять никакой иной функции, кроме субдоминантной* и потому принадлежит *исключительно субдоминантной группе*, наравне с трезвучием IV-ой ст. Трезвучие II-ой ст., как увидим дальше, имеет над трезвучием IV-ой ст. очень важное преимущество: оно служит непосредственно связью между субдоминантной и доминантной группой.

5а. Из предыдущего следует, что на всех ступенях диатонической гаммы могут быть построены трезвучия. Из них, трезвучия I-ой, V-ой и IV-ой ст. мы называем *главными*, остальные—*побочными*:

12.

В то время, как побочные трезвучия VI-ой и III-ей ст. могут исполнять двоякую гармоническую функцию, остальные все имеют всегда одно определенное гармоническое значение:

трезвучие I-ой ст. — тоника
" V-ой и VII-ой — доминанта
" IV-ой и II-ой — субдоминанта.

Смещение двух тонов созвука t.

6. Смещение двух тонов в созвуке t приводит к полному отклонению в сторону d или s. Это создает две группы гармоний; рассмотрим их отдельно.

6a *Квинта в созвуке t остается на месте*; *прима и терция отклонены вниз.* Мы приходим к *созвуку d, с тяготением обратно в t*:

13. 

Как мы уже видели из образования созвуков, гармонической основой в них служит всегда их основной тон. Хотя при обращении трезвучий основной тон их и не лежит в басу, мы все-таки слышим его в басу, *как основу гармонии* и потому будем всегда подразумевать его в басу в качестве *основного баса.* В данном случае, присоединяя основной бас, получим:

13а 

Таким образом *создается связь между доминантой d и тоникой t.*

6b. *Отклонение терции может быть вверх, а отклонение основного тона—вверх и вниз одновременно.* Этим создается *диссонирующий аккорд, требующий разрешения обратно в t,* при чем, как отклонение, так и тяготение обратно в t становится *интенсивнее*:

14. 

Здесь II-ая ст. и VII-ая ст. разрешаются оба в тонику, при чем тяготение VII-ой ст., так называемого *вводного тона*, отстоящей от I-ой ст. на полутон снизу, будет интенсивнее, чем тяготение к ней II-ой ст.

Получаемый аккорд представляет собой *сочетание двух доминантных трезвучий V-ой и VII ст.*

14а. 

Трезвучие VII-ой ст., как уменьшенное, не имеет своего основного баса: таковым служит для него доминанта, V-ая ст.; поэтому она же является основным басом и всего нашего аккорда.

Аккорд этот, *мажорный 7-аккорд V-ой ст.,* называется *доминантаккордом*; обозначим его через *D*, общая формула его будет:

IV
II
VII
D V

Как видно, при разрешении его в t, *септима, IV-ая ст., и квинта, II-ая ст., идут на секунду вниз; основной тон, V-ая ст., либо остается на месте, либо идет на кварту вверх* (или квинту вниз); *вводный тон разрешается в тонику.* Такое разрешение 7-аккорда, дающее автентическую каденцию (пример 14а), будем называть: *разрешением автентического типа первого рода.*

7. *Основной тон в созвуке t остается на месте; терция и квинта отклонены вверх.* Это приводит нас к *созвуку s*:

15. 

с тяготением обратно в t. Основой этой гармонии, ее основным басом, будет IV-ая ст.:

15ª 

Создается связь между субдоминантой s и тоникой t.

7а. *Отклонение терции может быть вниз, а квинты—вверх и вниз одновременно.* При этом получается *диссонирующий аккорд, требующий разрешения обратно в t*:

16. 

Аккорд этот представляет собой *сочетание двух субдоминантных трезвучий, IV-ой и II-ой ст.*:

17. 

Мы принимаем за основной бас этого аккорда основной тон *главного* трезвучия, IV-й ст. Полученный аккорд *минорный 7-аккорд II-ой ст.*, называется *„субдоминантаккордом"*. Обозначаем его через *S*; общая формула его будет:

I
VI
IV
S II

Как видно, при разрешении его в t, *септима, I-я ст. остается на месте; основной тон, II-ая ст., и терция, IV-й ст. идут на секунду вверх; квинта—на секунду вниз.* Такое разрешение, дающее *плагальную каденцию* (пример 17), будем называть „*разрешением плагального типа*".

Если основной бас, IV-ая ст., служит на самом деле басом аккорда, создается $^5_6$-аккорд II-ст:

18. 

т. е. s „с прибавленной секстой", по термину Рамо (*sixte ajoutée*); это—первоначальный вид четырехголосной субдоминантной гармонии.

Как сейчас увидим, *S* может исполнять еще и другую функцию, кроме указанной, причем будет иметь и другое разрешение.

7b. Между D с автентическим разрешением и S с плагальным разрешением существует *обратная симметрия*:

19. 

Смещение всех трех тонов созвука t. Полная доминантная группа.

8. Отклонение от созвука t и обратное тяготение к нему может быть еще интенсивнее, если сместить *все три тона* созвука:

20. 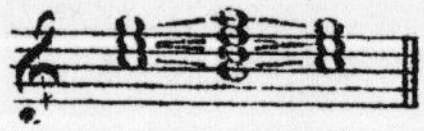

При этом смещение в t основного тона, приводящее к доминантной группе, имеет перевес над смещением квинты t, дающим субдоминантную группу: аккорд этот принадлежит всецело доминантной группе и поэтому основным басом к нему служит V-ая ст.

21. 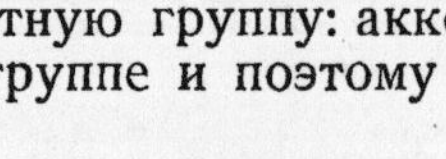

Основной бас может также служить непосредственно основным тоном 5-тизначного аккорда, *большого мажорного нонаккорда* V-ой ст.:

22. 

Обозначим его через D^1 (цыфра будет означать большую нону). Общая формула его будет:

$$\begin{matrix} VI \\ IV \\ II \\ VII \\ V \end{matrix} \quad D^1 \; D \; [D^1]$$

Этот аккорд представляет собой *полную доминантную группу*. Он может быть рассмотрен как сочетание двух 7—аккордов, построенных на двух трезвучиях доминантной группы: V-ой и VII-ой ст. С первым, доминантсептаккордом D, мы уже знакомы; второй, *малый 7-аккорд* VII-ой ст., верхний в группе, так называемый *вводный*:

23. 

$[D^1]$

может быть употреблен самостоятельно, без основного баса (по Геварту: *„accord déraciné"*). Будем обозначать его через $[D^1]$.

При разрешении его в t, *септима, VII-ая ст. и квинта, IV-ая ст., идут на секунду вниз, терция, II-ой ст.—на секунду вверх*, так же как при разрешении D^1, но *основной тон его VII-ая ст., идет на секунду вверх*. Такое разрешение будем называть—*разрешением автентического типа второго рода*; при этом 7—аккорд разрешается, как видно, в *трезвучие ступенью выше*.

Смещение двух и всех трех тонов трезвучий доминантной группы.

Совершенно аналогично созвуку t, мы можем подвергнуть смещению *два тона или все три тона одновременно* также в двух трезвучиях доминантной группы: трезвучиях V-ой и VII-ой ст.

При этом мы ограничимся смещением примы и терции при *неподвижной квинте*, так как, смещая терцию и квинту при неподвижной приме, как легко убедиться, мы возвращаемся к уже знакомой нам связи между созвуками d и t*):

24. 

Как видим, смещение тонов этих трезвучий создает *связь между доминантой и субдоминантной группой*; уже знакомые нам созвук s и 7-аккорд II-ой ст. S субдоминантной группы могут, как оказывается, исполнять две разных функции: с одной стороны, как мы знаем из § 7, они разрешаются плагально в t, при чем основным басом служит IV-ая ст.; с другой, как видим теперь, *они могут разрешаться автентически в доминанту*. Так же как d и D являются доминантой от t, s и S служат как бы *скрытой доминантой от d*: II-ая ст. так же относится к V-ой, как последняя к I-ой. При этом, так же как V-ая ст. служит основным басом при разрешении d и D в t, *II-ая ст. будет служить нам основным басом при разрешении s и S в d*.

К трезвучию VII-ой ст. основным басом может служить, как уже известно, только V-ая ст.

При смещении всех трех тонов (случаи 5 и 6), трезвучие, лежащее в основании 7-аккорда, определяет каждый раз к какой группе его следует отнести; здесь мы принимаем трезвучие VI-ой ст. (случ. 6) за субдоминантный аккорд.

10. Соединяя вместе создавшиеся 7-аккорды II-ой, IV-ой и VI-ой ст., получим *полную субдоминантную группу*:

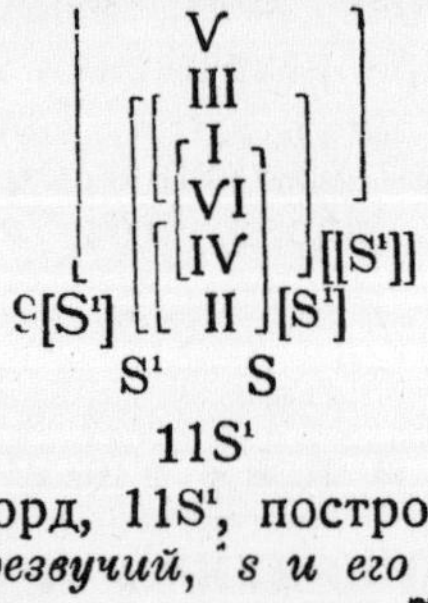

Это—ундецимаккорд, 11S¹, построенный на II-ой ст. и *состоящий из трех трезвучий, s и его заместителей II-ой и VI-ой ст., и построенных на них трех 7-аккордов*. По аналогии с D, D¹ и [D¹] назовем 9-аккорд II-ой ст.: S¹, 7-аккорд II-ой

*) Хотя при этом и создаются ноные диссонирующие аккорды, но те же аккорды мы встретим дальше.

** Трезвучие будем для краткости обозначать соответствующей ступенью, септаккорд—7 перед ней; напр. трезвучие II-й ст.—II, 7—аккорд II-ой ст.—7 II.

ст., основной в группе,—S, а 7-аккорд IV-ой ст.—[S^1]. Кроме S^1, основного 9-аккорда, мы имеем еще верхний 9-аккорд: 9[S^1] и 7-аккорд VI-ой ст.:—[[S^1]].

Смещение двух и всех трех тонов трезвучий субдоминантной группы.

11. Подвергнем аналогичному смещению *два, а затем все три тона двух трезвучий IV-ой и II-й ст. субдоминантной группы.*

При этом ограничимся также смещением основного тона и терции при *неподвижной квинте*, так как смещая терцию и квинту при неподвижном основном тоне мы, очевидно, возвращаемся к только что рассмотренной связи между, d и s.

25.

Как видим, такое смещение тонов двух трезвучий субдоминантной группы создает *связь между субдоминантной и тонической группой*, при чем вторая разрешается в первую *автентически*. При этом, основным басом в тонической группе служит то I-ая, то VI-ая ст., подобно тому как в субдоминантной группе—II-ая ст. и IV-ая ст.

12. Соединяя вместе создавшиеся 7-аккорды VI-ой и III-ей ст. получим *полную тоническую группу*:

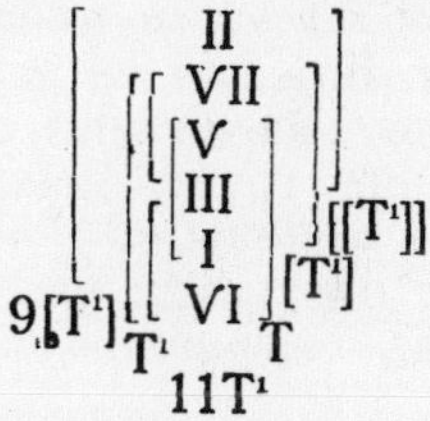

Это—*ундецимаккорд, построенный на VI-ой ст. и состоящий из трех трезвучий, t и его двух заместителей, VI-ой и III-ей ст., и построенных на них 7-аккордов.*

Назовем 9-аккорд VI-ой ст.—T^1, 7-аккорд VI-ой ст., основной в группе,—T, 7-аккорд I-ой ст.—[T^1], верхний 9-аккорд I-ой ст.—9[T^1] и 7-аккорд III-ей ст.—[[T^1]].

То обстоятельство, что основой тонической группы служит не I-ая а VI-ая ст. должно нас также мало смущать, как аналогичное явление в субдоминантной группе, где в основе группы лежит не IV-ая, а II-ая ст. Следующий пример ясно показывает, что аккорды этой группы носят совершенно одинаковый характер, именно тонической гормонии, будет ли басом в них служить I-ая или VI-ая ст. Септаккорд VI-ой ст., уже встретившийся нам в субдоминантной группе, находится и в тонической группе, где исполняет другую функцию.

26.

О септаккордах диатонической системы.

13. Как видим, все аккорды диатонической системы могут быть распределены в виде ряда терций, образующих трезвучия, 7-аккорды и 9-аккорды, и сводятся к трем групппам, *тонической, субдоминантной и доминантной*:

II	V	VI
VII	III	IV
V	I	II
III	VI	VII
I	IV	V
VI	II	

11T^1 11S^1 D^1

На всех ступенях диатонического ряда могут быть построены 7-аккорды. *Каждый из них занимает одно определенное место в одной из трех групп, другими словами исполняет одну определенную функцию, за исключением 7-аккорда VI-ой ст., встречающегося в двух группах одновременно: тонической и субдоминантной.* Каждый из этих 7-аккордов может встречаться отдельно или в сочетании с другими ввиде 9-аккорда. Лежащие в основе групп 7-аккорды VI-ой, II-ой и V-ой ст. будем называть *основными**), остальные—*верхними*.

Септаккорды могут иметь, как известно, *три обращения*: *квинтсекстаккорд*, $\frac{5}{6}$-акк., *терцквартаккорд*, $\frac{3}{4}$-акк., *секундаккорд*, 2-акк.

Те же обращения, как основного, так и верхнего 7-аккорда возможны и в 9-аккорде, при чем, однако, *основной тон последнего должен всегда оставаться ниже ноны* и не может подходить к ней на расстояние секунды:

7.

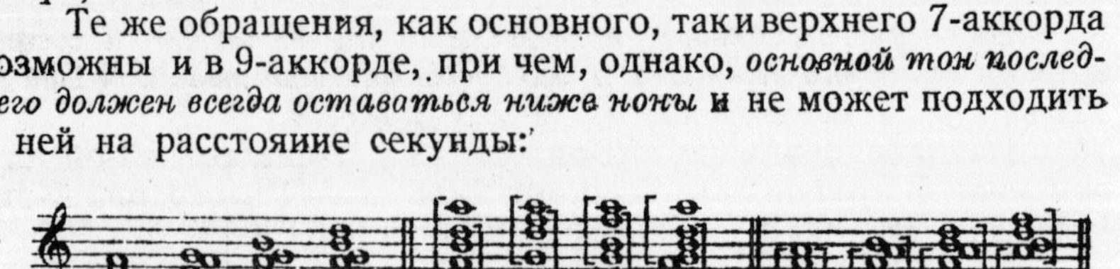

*) *Основной* не в смысле *главного*, а только *по положению*.

14. По своему построению 7-аккорды диатонической системы разделяются на 4 группы, с следующими названиями:

1) 7-аккорды II-ой, VI-ой и III-ей ст.—*минорные.*

2) 7-аккорды I-ой и IV-ой ст.—*большие мажорные.*

3) 7-аккорд V-ой ст.—*мажорный.*

4) 7-аккорд VII-ой ст.—*малый.*

В последних двух группах—только по *одному* 7-аккорду, так как высший по порядку интервал в этих 7-аккордах—*уменьшенная квинта*, встречающаяся в системе только один раз.

15. Хотя, как мы видели, 7-аккорды по существу создаются смещением тонов тех созвуков (t, d и s), к которым затем тяготеют обратно, на самом деле чаще всего они образуются, при голосоведении, проходящими нотами из *трезвучий тех же ступеней,* либо непосредственно за ними, либо *эллиптически,* т. е. с пропуском самого трезвучия:

27а

16. До сих пор мы разрешали 7-аккорды только в трезвучия и познакомились с тремя типами разрешений: *автентинстическими первого и второго рода и плагальным.* Как мы знаем уже:

1). При разрешении автентического типа 1-го рода, септима и квинта идут на секунду вниз, основной тон остается на месте (или делает скачек на кварту вверх), терция идет на секунду вверх.

2). При разрешении автентического типа 2-го рода, септима, квинта и терция разрешаются так же, но основной тон идет на секунду вверх (разрешение в трезвучие ступенью выше).

3). При разрешении плагального типа, основной тон и терция идут на секунду вверх, квинта на секунду вниз, септима остается на месте.

Разрешения обоих типов 1-го рода—обратно симметричны.

28.

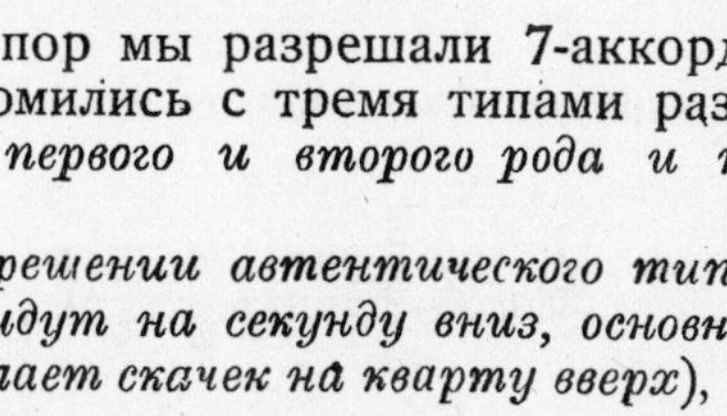

В этой схеме высота 7-аккорда взята произвольно.

Примечание. Приведенные здесь, обоснованные теоретически правила разрешения 7-аккордов в трезвучия, на самом деле, на практике, в связи с свободным голосоведением, допускают ряд отступлений.

1. Разрешение по автентическому типу *септимы на секунду вниз* надо считать *почти обязательным.* Слух наш особенно чувствителен к правильному разрешению септимы потому, вероятно, что она является *диссонирующим* интервалом аккорда. Возможны только редкие исключения:

a) ход септимы вверх возможен при разрешении $\frac{3}{4}$-аккорда. в 6-аккорд:

28.a 

при этом квинта идет также на секунду вверх.

b) Другой случай отступления от правила найдем дальше в гл. IV § 9b).

2. Отступления от правила разрешения по автентическому типу *квинты на секунду вниз* встречаются чаще; вот некоторые из них:

a) возможно разрешение квинты на секунду вверх; это приводит к удвоению терции трезвучия:

28.b 

b) квинта может разрешаться скачком в квинту трезвучия:

28.c 

3. Разрешение по автентическому типу *терции на секунду вверх* обязательно, *если терция—вводный тон,* т. е. при разрешении доминант-аккорда; разрешение вводного тона на терцию вниз возможно впрочем иногда в *средних голосах*:

28.d 

Если же терция 7-аккорда не является вводным тоном, отступление от правильного разрешения ея встречаются часто:

28.e 

4. Выведенные нами теоретически правила разрешения 7-аккордов в трезвучия по плагальному типу на практике необязательны и допускают всевозможные отступления:

28!

16а. Септаккорды разрешаются не только в трезвучия; они могут (в сущности „эллиптически“, как видно из примера 27а) *разрешаться также и в 7-аккорды.* При этом возможны те же два типа разрешений, автентический и плагальный, но на этот раз *и тот и другой могут быть первого и второго рода.*

Разрешение обоих типов, в пр. 28, по своему построению обратно симметричны:

Авт.

29.

Плаг.

Как видно, для образования второго 7-аккорда: при разрешении автентическом 1-го рода, *на месте удерживается терция*; при плагальном 1-го рода—*квинта*; при автентическом 2-го рода—*основной тон*; при плагальном 2-го рода—*септима.*

Подобно тому как разрешение автентического типа 2-го рода приводило нас к *трезвучию ступенью выше*, здесь оно приводит нас к *7-аккорду ступенью выше*; разрешение же плагального типа 2-го рода—*к 7-аккорду ступенью ниже.*

Примечание: Параллельные квинты как в этой схеме так и во всех последующих, могут быть легко избегнуты другим расположением голосов.

17. При разрешении по указанным в пр. 28 и 29 типам *7-аккорд переходит всегда от одной из групп T, S, D*) в смежную.* Будем называть переход, по направлению стрелки:

T ——> S ——> D ——> T—прямым,

T <—— S <—— D <—— T—обратным,

1) *При разрешении по автентическому типу, как первого так и второго рода*, 7-аккорд переходит всегда в соседнюю группу *в прямом направлении:*

---

*) Здесь T, S, D—в смысле тонической, субдоминантной и доминантной гармонии *вообще.*

30. 

Примечание Исключением служит только 7-аккорд II-ой ст., разрешающийся по автентическому типу второго рода в 7-аккорд III-ей ст. т. е. в *обратном направлении:*

31. 

Разрешение же 7-аккорда II-ой ст. по автентическому типу 2-го рода в трезвучие III-ей ст:

31а. 

как увидим дальше в § 18а, надо рассматривать как прямой ход, так как в этом случае трезвучие III-ей ст. воспринимается как доминантная гармония.

2) *При разрешении по плагальному типу, как первого, так и второго рода*, 7-аккорд переходит всегда в соседнюю группу *в обратном направлении:*

32. 

Примечание Исключением служат только 7-аккорды III-ей и VI-ой ст. (верхние 7-аккорды двух ундецимаккордов: [T¹] и [S¹]), идущие по *плагальному типу* в трезвучие или 7-аккорд; и в том и в другом случае они разрешаются в *прямом направлении:*

33.  33а. 

Последнее—потому, что при разрешении 7-акк. VI-ой ст. в доминанту, он воспринимается всегда естественно как субдоминантная гармония. Указанное здесь разрешение его в D будет особенно часто применяться нами в дальнейшем.

Разрешение [D′] по плагальному типу в трезвучие или 7-акк. VI-ой ст:

33b.

может восприниматься, либо как прямой ход, либо как обратный ход, смотря по тому, какую в данном случае функцию исполняют трезвучие и 7-акк. VI-ой ст., тоническую или субдоминантную.

18. Переход из группы в группу в *прямом направлении* (разрешение автентического типа) может следовать один за другим *непрерывно* и таким образом уподобляется, как бы вращению около полюса t.:

34.

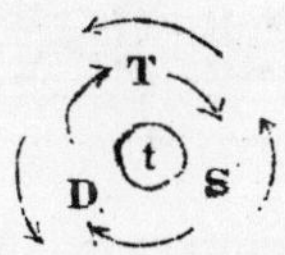

При этом в двух местах аккорд тонической группы повторяется два раза подряд. Это создает *диатоническую секвенцию*. В ней 7-аккорд чередуется с $\frac{3}{4}$-аккордом, а $\frac{5}{6}$-аккорд с 2-аккордом. Обычно теоретики рассматривают диатоническую секвенцию как ряд проходящих аккордов, лишенных функционального значения.

18а. Диатоническая секвенция может быть построена также путем разрешения автентического типа 2-го рода. При этом, однако, переход из группы в группу в прямом направлении не нарушается только под условием, если будем считать трезвучие III-ей ст. в данном случае *доминантной гармонией*:

35.

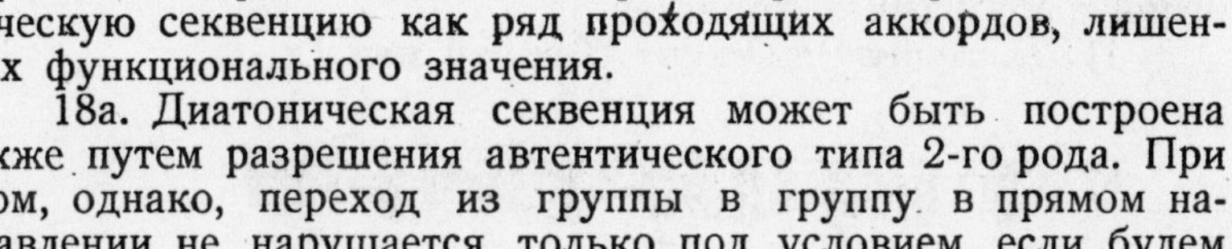

В этой секвенции в одном месте доминантная гармония, а дальше субдоминантная, повторяются два раза подряд.

Примечание. В соединении:

35a.

(См. дальше § 18b, примеч. о прерванной каденции) VI-ая ст. воспринимается как задержание квинты тонического трезвучия; так же в соединении:

35b.

III-ья ст.—как задержание квинты доминантного трезвучия.

18b. Наоборот, переход группы в группу в *обратном направлении* (разрешение плагального типа) *не может следовать непрерывно*; это создало бы ряд:

36.

в котором основные басы отпадают. Аккорды такого ряда тем самым теряют функциональное значение и должны быть рассматриваемы как *проходящие*.

Переход из группы в группу в обратном направлении с сохранением функционального значения аккордов, возможен только *отдельными звеньями*. Некоторые из таких соединений дают разные формы:

1) *Половинной каденции*, T⟶d или D:

37.

2) *Плагальной каденции*, S⟶t или T:

37a.

3) *Прерванной каденции*, D⟶ s или S:

37b 

D ⟶ s   D ⟶ S

Примечание. Самая обычная форма прерванной каденции:

37c 

D ⟶ VI_t

получаемая при разрешении D по автентическому типу 2-го рода, тем самым является *прямым ходом*, при чем, как уже было замечено в примечании выше, VI-ая ст. воспринимается как *задержание квинты* тонического трезвучия. Как таковое, VI-ая ст, *не может быть удвоена*; в самом деле при удвоении ея соединение это теряет совсем характер прерванной каденции:

37d 

Из § 18 ясно видно, что из двух направлений *преобладающее значение имеет — прямое, дающее автентическую каденцию.*

В дальнейшем будем говорить почти исключительно о разрешениях *в прямом направлении.*

19. При построении простой или сложной полной каденции 7-аккорды всех трех групп разрешаются в прямом направлении следующим образом:

1) *Основные 7-аккорды всех трех групп — только по автентическому типу первого рода*:

38. 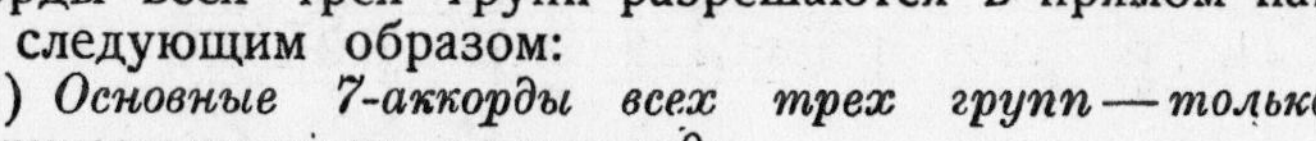

T II   T S   S d   S D   D t   D [T]

38a 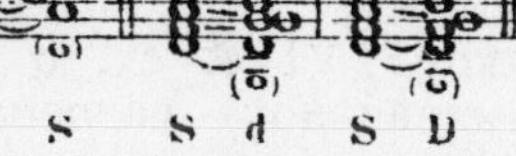

T S D t

2) *Все верхние 7-аккорды всех трех групп — по автентическому типу второго рода*:

39.

Примечание. Для верхних же 7-аккордов, I-ой, III-ей и IV-ой ст. возможны при этом, в то же время, разрешения в прямом направлении и по автентическому типу *первого рода:*

40.

3) *Два верхних 7-аккорда ундецимаккордов, 7-аккорд III-ей ст. и 7-аккорд VI-ой ст., кроме того — по плагальному типу второго рода* (см. § 17, 2), прим. 33 и 33а). Итак для них возможны одновременно разрешения автентического и плагального типа второго рода:

41.

Как видно, 7-аккорд VI-ой ст. в его двух функциях (тонической и субдоминантной) разрешается различно: *как тонический аккорд, Т — по автентическому типу первого рода, как субдоминантный же аккорд, [[S^1]] — по автентическому или плагальному типу второго рода.*

4) При разрешении 9-аккордов и 11-аккордов, правилам §§ 16 и 16а подчиняются *верхние 7-аккорды*; при этом *в основных 9-аккордах* (T^1 и S^1) основной тон делает скачек на кварту (или остается на месте в обращениях), по типу 1-го рода, *в верхних же 9-аккордах* (9[T^1] и 9[S^1]) — идет на секунду вверх, по типу 2-го рода. В 11-аккордах пропускается всегда терция:

42.

43.

В 9[T¹] впрочем, основной тон может также разрешаться по типу 1-го рода скачком на кварту:

43ª.

20. Кроме уже приведенных форм разрешений 7-аккордов возможны еще следующие, которые мы *назовем неполными разрешениями автентического и плагального типа*; они тоже построены обратно симметрично друг другу:

44.

а) *При неполном разрешении автентического типа, как в трезвучие, так и в 7-аккорд, группа не меняется.* Это создает очень обычный переход 9-аккорда в основной 7-аккорд той же группы.

45.

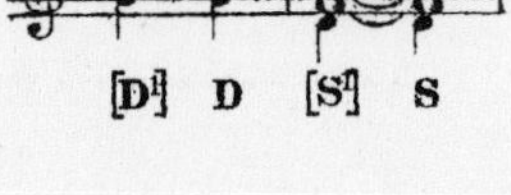

Исключением служат только *три основных 7-аккорда VI-ой, II-ой и V-ой ст.*, переходящих при таком разрешении в соседнюю группу *в прямом направлении*:

45а 

b) Неполное разрешение плагального типа в трезвучие переносит 7-аккорд всегда в *обратном направлении в соседнюю группу.*

Это создает *прерванную и плагальную каденцию* нового типа:

46. 

При неполном же разрешении 7-аккорда в 7-аккорд, группа не меняется, за исключением трех *верхних 7-аккордов III-ей, VI-ой и VII-й ст.*, переходящих при этом в соседнюю группу *в обратном направлении*:

46а 

21. Рассмотренные в § 13 три группы аккордов представляют собой полную систему аккордов диатонической семитонной системы. Эти аккорды могут значительно видоизмениться и обогатиться благодаря хроматизму. Вступая в дальнейшем в область хроматизма, мы будем прибавлять справа и слева к основным семи квинтам нашего звукоряда новые квинты; таким образом к тонам диатонического ряда *присоединятся новые тоны: их же хроматические видоизменения.* С аккордами диатонической системы произойдет при этом то же: к ним *присоединятся новые аккорды, состоящие из тех же тонов, но хроматически измененных.*

ГЛАВА III.

Минорная система

Натуральный минор.

1. Подобно тому как на трех главных ступенях нашего диатонического ряда, расположенного по квинтам, строятся три главных мажорных трезвучия из тонов этого ряда, построим на трех побочных ступенях, II-ой, VI-ой и III-ей, *из тех же тонов*, *три минорных побочных трезвучия*, уже встретившихся нам в §§ 3-5 предыдущей главы.

I V II VI III VII
VI III VII IV I V
IV I V II VI III VII

Мы видим, что рядом с мажорным тональным центром тот же диатонический ряд содержит другой—*минорный*; тоника его—VI-ая ст. Это *параллельный натуральный минор*.

2. О происхождении минорного трезвучия и минорной гаммы в настоящее время создалась теория, в основе которой лежит мысль, высказанная еще Царлино в середине 16-го века, впоследствии разработанная Рамо и Тартини, за последнее же время возведенная в принцип Риман'ом („Упрощенная гармония"). Мысль эта заключается в том, что минорное трезвучие так же происходит из ряда унтертонов, как мажорное—из ряда обертонов.

В ряде унтертонов данного тона e''', третьим и пятым по порядку будут a' и c'

47. 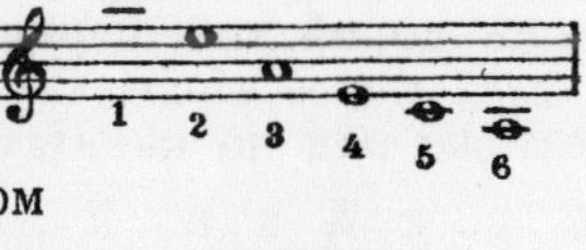

Таким образом

47a.

будет *нижним созвуком* тона e'''. Это—минорное трезвучие:

47^{b}

в нем *большая терция—наверху*, в то время как в мажорном созвуке она лежит в основе трезвучия:

47^{c}

Итак, минорное трезвучие—*обращение мажорного*; основным его тоном, согласно этой теории, следует считать его *верхний тон*. Разница, однако, между несомненным происхождением мажорного трезвучия из унтертонов и аналогичным—минорного трезвучия из унтертонов—существенная: обертоны существуют реально, чего не удается доказать относительно унтертонов. Тем не менее, принимая в основу эту гипотезу и считая минорное трезвучие.

47^{d}

нижним созвуком тона e, мы можем этот принцип о *противоположном наклонении минора* провести дальше и создать довольно стройную теорию минора, как обращения мажора.

Считая в минорном трезвучии:

47^{e}

e—за I-ую ст., c—за III-ью ст., a—за V-ую ст. и т. д., расположим тоны нашего диатонического ряда в виде нисходящей гаммы:

48.

Эта гамма (древний дорийский, церковный фригийский лад), есть на самом деле *точное обращение нашей мажорной гаммы*. Располагая этот же ряд по квинтам, получим:

f c g d a e h

VII III VI II V | I | IV

т. е., как раз, ряд обратный нашему мажорному.

К тому же выводу можем придти и другим путем: если в ряде тонов: IV [I] V II VI III VI → *2-ой тон слева*, I-ая ст., служит тоникой, центром тональной системы, то в силу обратной симметрии, в том же ряде *другим* центром тональной системы должен служить *2-ой тон справа*, т. е. III-ья ст.; эта тональная система должна быть построена обратно симметрично первой:

← VII III VI II V [I] IV.

Это и есть наш натуральный минор.

Главные трезвучия строятся в нем обратно симметрично мажорным:

Маж.: ↑	I	V	II				
	VI	III	VII				
	IV	[I]	V	II	VI	III	VII
	VII	III	VI	II	V	[I]	IV ↓
Мин.:					VII	III	VI
					II	V	I

Для тоники C, это будет:

↑ C	G	D				
A	E	H				
F	[C]	G	D	A	[E]	H ↓
				F	C	G
				D	A	E

В силу принципа обратной симметрии:

Полной каденции мажора: 49.  **в натуральном миноре должно соответствовать:** 49ª 

Плагальной каденции мажора: 50.  „ „ „ 50ª 

Сложной каденции мажора: 51  „ „ „ 51ª 

3. На основании получаемой таким образом полной обратной симметрии между мажором и натуральным минором можно было бы ожидать, что натуральный минор сможет приобрести такое же значение в нашей музыке, какое в ней имеет мажор. На самом же деле натуральный минор играет в ней лишь очень ограниченную роль.

В то время, как прибавленные в прим. 49, 50 и 51 в басу тоны (основные басы) служат несомненно гармонической основой аккордов, в натуральном миноре прибавленные в силу обратной симметрии сверху такие же тоны совсем не исполняют этой функции для нашего слуха. *Слух наш воспринимает естественно всякий созвук всегда построенным в прямом наклонении*; другими словами мы слышим гармоническую основу аккорда *не в верхнем, а в нижнем голосе созвука.*

В самом деле то или другое мелодическое положение аккорда не меняет для нас сущности гармонии; наоборот, меняя бас аккорда, мы тем самым существенно меняем и характер гармонии. Следуя этому требованию нашего слуха, мы естественно слышим *натуральный минор построенным, так же как мажор, в прямом наклонении*, т. е. принимаем за основной тон минорного созвука, так же как в мажоре, *не верхний, а нижний его тон и стало быть—за тонику не I-ую ст.* (*e*), *а V-ую ст.* (*a*).

При этом каденция натурального минора: V + I, с присоединением основного баса прямого наклонения, будет:

52. 

V I

оборот подобный *мажорной плагальной каденции*; каденция же минора: IV + I, с присоединением основного баса прямого наклонения дает нам:

52ª. 

IV I

оборот, напоминающий *мажорную полную каденцию.*

Как видно, в натуральном миноре не существует каденции, равносильной мажорной полной каденции. Между тем, такая каденция совершенно необходима нам для завершения наших музыкальных построений. Это и есть причина, мешающая применять нат. минор, как таковой, наравне с мажором. В стремлении создать для минора необходимую нам полную каденцию, равносильную мажорной, мы наталкиваемся на необходимость *повысить хроматически вводный тон* к тонике. Таким образом получается для минора удовлетворяющая наш слух полная каденция:

52ь 

Итак, для того чтобы применять минор наряду с мажором, мы идем на компромисс: диатонизм натуральной минорной системы нарушается и тем самым создается наш *гармонический минор.*

Даже в период расцвета в музыке церковных ладов, везде в концах музыкальных построений, где требовалась каденция, VII-ая ст. неизменно повышалась на полутон и создавалась свойственная только лидийскому и ионийскому ладу автентическая каденция.

В гармоническом миноре уже не может быть речи об обратном наклонении: параллельно с мажором создается искусственно, как бы, *минор прямого наклонения.* Ввиду того, что натуральный минор постоянно сменяется гармоническим, а через него входит в прямое соприкосновение с мажором, нам представляется более удобным, вопреки принципу обратного наклонения, считать в нем *главным тоном, тоникой, не верхний тон тонического трезвучия, а его основной тон.*

Итак, в тоническом трезвучии A — C — E будем принимать за тонику не E, а A: будем считать A первой ступенью *восходящей натуральной минорной гаммы*:

53. 

4. Принимая, как сказано, основной тон тонического минорного созвука за I-ую ст. натурального минора, постараемся теперь представить натуральный минорный ряд в виде ряда квинт, как мы это сделали для мажорного ряда.

В дальнейшем нашем исследовании нам придется всегда сопоставлять мажор с минором *одноименным*, т. е. построенным на *одной и той же тонике.*

Мы знаем, что ряд семи квинт дает нам диатонический мажорный ряд:

f	c	g	d	a	e	h
IV	[I]	V	II	VI	III	VII

Так как натуральный минор, одноименный мажору, отличается от последнего тем, что в нем три последних квинты понижены на полутон, мы должны эти три квинтовых тона

A, E, H, заменить тонами AS, ES, B, лежащими влево от нашего ряда, что дает нам:

as	es	b	f	c	g	d
VI♭	III♭	VII♭	IV	I	V	II

Это и будет общей формулой натурального минорного ряда, одноименного мажорному.

Применение натурального минора.

5. Как уже сказано, применение натурального минора, минора обратного наклонения, в нашей музыке довольно ограничено. В ней чаще всего встречается гармонический минор, отличающийся от натурального только тем, что в нем VII-ая ст. *не пониженная, а диатоническая*, как в мажоре. Из этого следует, что употребление натурального минора сводится к применению мелодических и гармонических оборотов, содержащих свойственную натуральному минору VII♭ ст.

Мелодически, применение натурального минора встречается в следующих случаях:

a) В нисходящей минорной гамме. Случаи употребления его в восходящей гамме в нашей музыки довольно редки:

С. Бах, Прелюдия и фуга A-moll

54. 

b) В оборотах, содержащих VII♭-ую ст. в виде вспомогательной или переменной ноты:

55. 

Бородин, 3-я Симфония

55ª. 

Гармонически, употребление натурального минора сводится к применению тех аккордов его, которые содержат пониженную VII-ую ст., характеризующую натуральный минор, а именно: минорного трезвучия V-ой ст. и его двух заместителей, побочных мажорных трезвучий III♭-ей и VII♭-ой ст.

(для тоники C это будут трезвучия: 

а также 7-аккордов, содержащих ту-же пониженную VII-ую ст.

Так как мелодически VII♭-ая ст. встречается преимущественно в нисходящей минорной гамме, указанные аккорды служат большею частью для *гармонизации нисходящего верхнего тетрахорда этой гаммы.*

Трезвучия натурального минора.

Мы знаем, что в силу существующей обратной симметрии между натуральным минором и мажором, при *условно установленной нами восходящей последовательности ступеней минора*, гаммы мажора и минора будут:

мажор:	c	d	e	f	g	a	h	c
	I	II	III	IV	V	VI	VII	I
натуральный минор:	g	f	es	d	c	b	as	g
	V	IV	III♭	II	I	VII♭	VI♭	V

Далее, трезвучиям мажора:

в натуральном миноре будут соответствовать трезвучия:

56. 

Они построены обратно симметрично мажорным. Минорные трезвучия IV-ой и V-ой ст. в отличие от мажорных будем обозначать: IVмин. и Vмин.; уменьшенное трезвучие II-ой ст. — IIум. Для более удобного сопоставления натурального минора с мажором, Vмин. будем называть *минорной доминантой*, IV мин.—*минорной субдоминантой* *)

Распределяя трезвучия минора на группы по их функциональному значению, соответственно трезвучиям мажора, получим следующую таблицу:

---

*) Не следует забывать, что эти названия чисто условные, так как для нат. минора, в сущности, Vмин. имеет значение субдоминанты, а IVмин. — доминанты.

Мажор:

56ª.

Нат. Минор:

Хотя трезвучия нат. минора, как увидим дальше, и имеют функциональное значение, соответствующее функциональному значению трезвучий мажора, мы однако лишены возможности, в силу сказанного в § 3, определять в них основные басы, как мы это делаем для мажора.

Пользуясь указанным соответствием между трезвучиями натурального минора и мажора, постараемся построить в последнем гармонические обороты, соответствующие мажорным.

Как мы уже видели в пр. 51,

мажорному обороту распространенной полной каденции: 57.

в натуральном миноре соответствует: 57ª.

или же при другом расположении голосов: 57ᵇ.

Это—одна из форм так называемой *фригийской каденции*; она представляет собой, как бы, *распространенную плагальную каденцию*.

9а. Замещению в мажоре трезвучия IV-ой ст. трезвучиями VI-ой и II-ой ст., в натуральном миноре соответствует замещение минорной доминанты, Vмин., трезвучиями III♭-ей и VII♭-ой ст.:

Мажорному обороту: 58.

в натуральном миноре соответствует: 58ª.

58b. 

„ „„ 58c. 

Это—другие две формы фригийской каденции.

Мажорному оборотy: 59. 

в натур. миноре соответствует: 59a. 

9b. Замещению в мажоре трезвучия V-ой ст.—трезвучиями VII-ой или III-й ст., в натуральном миноре соответствует замещение IVмин.—II ум. или VI♭s:

Мажорному оборотy: 60. 

в натур. миноре соответ.: 60a. 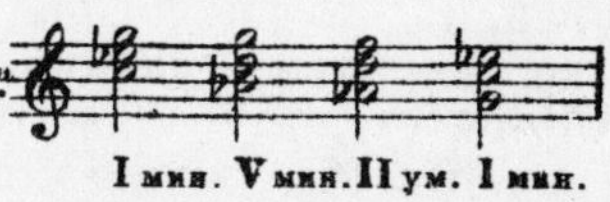

„ „ „ 60b. 

„ „ 60c. 

9c. Замещению в мажоре трезвучия I-ой ст. трезвучиями VI-ой и III-ей ст., в натуральном миноре соответствует замещение Iмин.—III♭t и VI♭t:

Мажорному оборотy: 61. 

в натур. миноре соответ.: 61a. 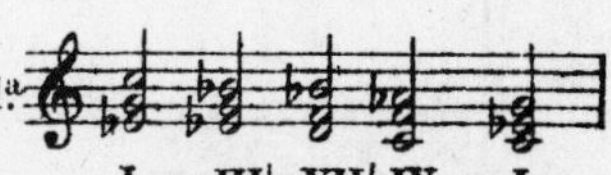

Пример последнего гармонического оборота находим у Гуно:

Гуно „Фауст“

61b. 

Здесь во втором такте отклонение в строй VI♭-ой ст.

Мажорному оборотy: 62.

в натур. миноре соответ.: 62a

63. 60b и 62 вместе:

63a. 60c и 62a вместе:

Здесь, как видим, трезвучие III-ей ст. исполняет одновременно обе свойственные ему функции: по отношению к предшествующему аккорду оно является доминантной гармонией, III_d, по отношению же к последующему—тонической, III_t. Так же, две функции исполняет одновременно трезвучие VI♭-ой ст. натурального минора: VI♭$_s$ и VI♭$_t$.

10. Мы видим, что всюду в натуральном миноре за *минорной доминантой V мин., или ее заместителями: III и VII♭, неизменно следует минорная субдоминанта, IVмин. или ее заместители: VI♭$_s$ или IIум.*

В нашем миноре прямого наклонения за минорной субдоминантой, или ее заместителями: VI♭ и IIум, может следовать *мажорная доминанта* свойственная гармоническому минору:

64.

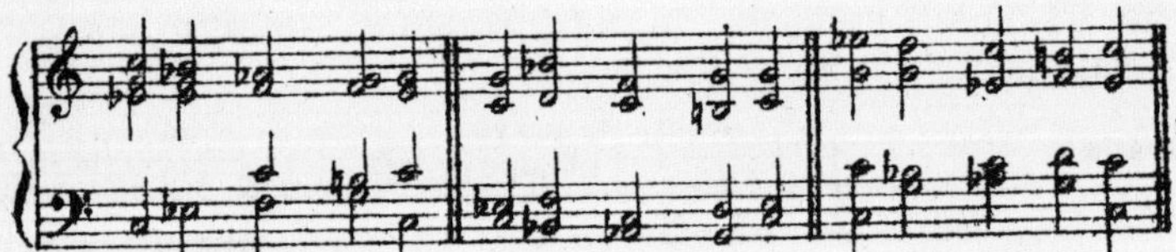

При этом VII-ая ст. не должна находиться в голосе, содержащем перед этим VII♭ ст. во избежании неблагозвучного хода:

 или 

Из последовательности 60с в миноре прямого наклонения создается своеобразная прерванная каденция:

64a.

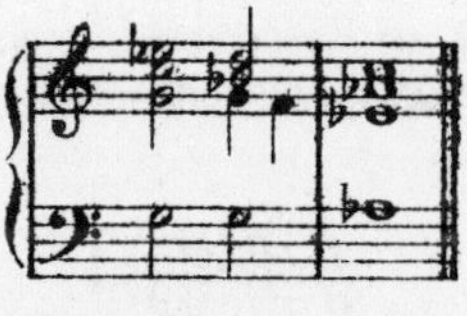

Септаккорды натурального минора.

11. До сих пор мы говорили только о трезвучиях натурального минора, но в нем также возможно построение и применение *диссонирующих аккордов: 7-аккордов и 9-аккордов.*

В силу обратной симметрии, в натуральном миноре *септима строится не выше трезвучия, а ниже его*, напр. 7-аккордом, построенным на трезвучии I-ой ст.

65.

будет 65a.

Следуя принципу обратного наклонения натурального минора, мы находим, что:

7-акк. мажора:

66.

в нат. миноре соответствуют.

Минорные 7-аккорды IV-ой и V-ой ст. в отличие от мажорных будем обозначать: 7IVмин., 7Vмин.; малый 7-аккорд -ойст—7IIмал.

Распределяя 7-аккорды нат. минора на группы по их функциональному значению, соответственно 7-аккордам мажора, получим следующую таблицу:

Мажор:
66a.
Нат. минор:

12. *Субдоминантной группе мажора, 11S*[1]*, построенной на трезвучиях II-ой, IV-ой и VI-ой ст. и их 7-аккордах соответствует здесь 11-аккорд, построенный на трезвучиях VII♭, Vмин. и III♭ и их 7-аккордах*:

67. 

Будем условно называть эту группу *„минорной доминантной группой“*.

Она разрешается *обратно симметрично* группе 11 S[1]:

Маж.

67а. 

Мин.

Чаще, эти три аккорда 7Vмин., 7III♭ и 7 I мин., употребляются отдельно и разрешаются *в точности обратно симметрично соответствующим им мажорным 7-аккордам* II-ой, IV-ой и VI-ой ст.

Здесь везде *септима и квинта, считанные сверху вниз, при разрешении повышаются на секунду* и этим создается разрешение плагального типа; задержанию терции при разрешении в 7-аккорд в мажоре здесь будет соответствовать *задержание терции, считанной сверху вниз, на самом деле квинты.*

Вот некоторые примеры употребления этих 7-аккордов:

Мажорному обороту: 68. 

7II $\frac{3}{4}$ V

в миноре соответствует: 68а. 

7Vмин. $\frac{3}{4}$II мал.

„ „ 69. 

7IV V

„ „ 69а. 

7III♭ IVмин.

„ „ 70. 

„ „ 70а. 

Другим формам разрешения 7-аккорда VI-ой ст.

в мажоре 71.
(см. пр 41):

7VI₈ 2VII 7VI$^{5}_{86}$V

в натур. минoре 71ª. соответ.:

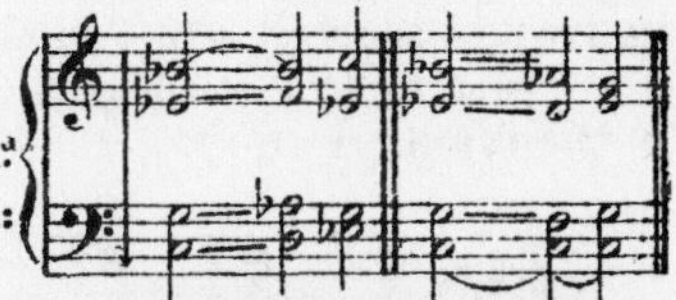

7I мин. $^{5}_{6}$VII♭ 7I мин. 2II мал.

Как видно, аккорды минорной доминантной группы разрешаются всегда в *минорную субдоминантную гармонию* (смотри дальше). В применении к нашему минору *прямого наклонения*, за субдоминантной гармонией может следовать *мажорная доминанта гармонического минора*:

72.

7Vмин $^{3}_{4}$II - D

Аккорд D может следовать также *эллиптически* непосредственно за минорным 7-аккордом V-ой ст.

73.

7Vмин. D I

13. *Доминантной группе мажора*, D¹, *построенной на трезвучиях V-ой и VII-ой ст. и их 7-аккордах, соответствует в натуральном миноре 9-аккорд, построенный на трезвучиях IVмин. и IIмал. и их 7-аккордах:*

74.

Будем условно называть эту группу „*минорной субдоминантной группой*“.

Она разрешается *обратно симметрично* D¹:

74ª.

Этот аккорд дополняет указанную уже, в гл. II-ой § 7 обратную симметрию между доминантаккордом и субдоминантаккордом II ст. с плагальным разрешением.

Мы находим применение одновременно всей этой группы в следующем примере из Грига:

Григ Op. 37 №1 (Valse caprice)

75. 

или 75ª 

a). Отдельно взятый 7VII♭ может быть прямо разрешен в t, соответственно [D⁷] + t:

76. 

Такой пример находим у Брамса в конце 1-ой части трио op-114:

76ª 

В этом примере 7VII♭ разрешается в *мажорную* тонику. Для краткости здесь не выписаны партии кларнета и виолончели (движение 16-тыми).

b) Его же можно перед разрешением повести в 7II мал. натурального минора, подобно тому как в мажоре 7VII перед разрешением может переходить в 7V:

Мажорному оброту: 77. 

соответствует минорный: 77ª 

В нашем миноре прямого наклонения, 7 VII♭ встречается чаще всего в этой последовательности, как-бы заменяющей правильное разрешение, хотя и без смены гармонической функции. При этом за субдоминантной гармонией, или, *эллиптически*, непосредственно после 7 VII♭, может следовать *мажорный 7-аккорд* D *гармонического минора.*

77'. 

13a. В то время как в мажоре 7 III не может исполнять функции доминанты, (в таблице он поставлен в скобки), соответствующий ему в нат. миноре 7 IV мин. может замещать собой VI♭ в функции минорной субдоминанты:

78. 

(См. дальше пр. 79, в конце.)

13b. Познакомившись с 7-аккордами минорной доминантной и минорной субдоминантной группы, мы можем в пр. 63a заменить V мин. септаккордом: 7 V мин., III♭—септаккордом: 7 III♭ :

78а. 

Приводим отрывок из Грига, служащий примером применения посреди предложений оборотов натурального минора, (они поставлены в прямые скобки):

79. 

Анализ этого примера будет вполне понятен только по прочтении Гл. IV и V.

Мажорное трезвучие IV-ой ст., при (*), принадлежит *мелодическому* a-moll.

Примечание. Вместо него могло бы, с неменьшим основанием, стоять IVмин. Но тогда, анализ отрывка был бы иной: IVмин+7Iмин.=7IVмин. от e-moll; возвращение в строй наступило бы тогда с последним аккордом такта.

14. *Тонической группе 11 T'*, построенной на трезвучиях I-ой, VI-ой и III-ой ст. и их 7-аккордах, *в натуральном миноре должен соответствовать 11-аккорд, построенный на трезвучиях I мин., III♭ и VI♭ и их 7-аккордах*:

80. 

Будем называть его *„минорной тонической группой“*. Разрешения ея 7-аккордов обратно симметричны разрешениям мажорных тонических 7-аккордов и приводят нас к аккордам *минорной доминантной группы*.

80a. 

Это все—разные формы сложной плагальной каденции См. § 8.

14a. Как увидим дальше, все рассмотренные нами 7-аккорды натурального минора применяются в нашем миноре прямого наклонения, *примыкая к той или иной функциональной группе наших аккордов*. См. Гл. IV § 11.

Гармонический и мелодический минор и мажор.

15. Как мы уже видели, повышение на полутон VII♭-ой ст. натурального минора создает гармонический минор. В нем в свою очередь, в избежание неудобного для голоса хода на увеличенную секунду: VI♭ + VII, часто повышается на полутон также и VI♭-ая ст., чем создается *мелодический минор*. Ввиду того, что применение в миноре диатонической VI-ой ст. чисто мелодическаго происхождения, оно обязывает нас *вести VI-ую ст. вверх в VII-ую ст.*

81. 

Однако если непосредственно за VI-ой ст. следует доминантная гармония, нисходящий ход, VII+VI+V, вполне возможен, так как при этом, за VI-ой ст. *повторяется VII-ая ст.*, хотя и в другом голосе:

81ª 

Мы встречаем нарушение этого правила у Грига: обороты подобные следующему часто попадаются в его сочинениях:

81ᵇ 

16. Вернемся к общей формуле натурального минора, найденной в § 4. этой главы:

V♭ III♭ VII♭ | IV [I] V II

Для создания *гармонического минора*, к этому ряду надо *прибавить свойственную ему диатоническую VII-ую ст.* Совершенно аналогично, к диатоническому мажорному ряду надо *прибавить пониженную VI-ую ст.* для создания так называемого *гармоническаго мажора.*

Гарм. минор:

VI♭ III♭ VII♭ | IV [I] V II | — — | VII

гарм. мажор:

VI♭ — — | IV [I] V II | VI III VII

Для тоники С,

гармонический мажор:

82.

гармонический минор:

(См. § 8 этой главы).

Эти два ряда построены обратно симметрично.

16a. Для *мелодического минора* к полученному ряду гармонического минора надо *присоединить свойственную ему диатоническую VI-ую ст.* Аналогично с этим мы можем создать и *мелодический мажор, присоединяя к полученному ряду гармонического мажора пониженную VII-ую ст.: VII♭.*

Мелод. минор:

VI♭ III♭ VII♭ | IV |I| V II | VI — VII

мелод. мажор:

VI♭ — VII♭ | IV |I| V II | VI III VII

Для тонкии С,

мелодический мажор:

82a.

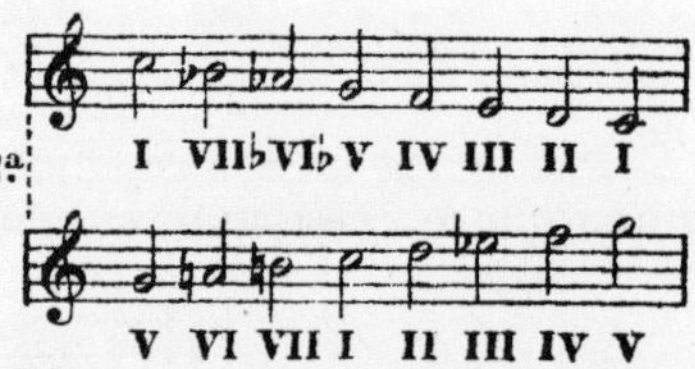

мелодический минор:

Эти два ряда построены также обратно симметрично.

Прекрасным примером мелодического мажора может служить начало andante 4-ой симфонии Брамса:

Брамс 4ая симфония.

83.

16b. Сопоставляя эти два звукоряда, мы видим, что они в полном своем объеме отличаются друг от друга только одной III-ей ст.; поэтому мы приходим к убеждению, что в сущности имеем дело *с единым десятитонным рядом, содержащим как мажор, так и минор.* В самом деле, в нашей музыке эти два лада постоянно близко соприкасаются, смешиваются, даже на протяжение одного и того же предложения:

Хорал: „Jesu Kreuz"

84. 

Вагнер „Тангейзер"

84a. 

Соединяя таким образом в одну *общую тональную систему десять тонов* по квинтам, мы должны, однако, помнить, что между мажором и минором следующая существенная разница: в то время как для мажора *основными ступенями* будут: IV I V II VI III VII

для минора таковыми будут: VI♭ III♭ VII♭ IV I V II

Глава IV

Мажоро-минорная десятитонная система

1. В полном своем объеме мажоро-минорная система, состоящая из 10-ти тонов, будет:

VI♭ III♭ VII♭ | IV I V II | VI III VII

В ней неизменными остаются только 4 средних ступени; три крайних справа и слева постоянно сменяют друг друга или чередуются друг с другом. Из этих смен наиболее характерной является смена III-ей и III♭ ст., так как этой ступенью определяется мажорный или минорный лад.

Интервалы мажорно-минорной системы.

2. Мы будем останавливаться только на интервалах, образующих аккорды: на терции, квинте и септиме. Так как система наша содержит на 3 квинтовых тона больше диатонической, число встречающихся в ней диатонических интервалов каждого рода увеличится на три.

a) *больших терций будет 6* (10—4=6); этим определяется число имеющихся в системе мажорных и минорных трезвучий.

b) *больших септим будет 5* (10—5=5); это определяет число имеющихся в системе аккордов типа T^1 и S^1, содержащих большую 7-му.

c) *наконец уменьшенных квинт будет 4* (10—6=4):

VI♭	III♭	VII♭	IV
II	VI	III	VII

Это даст нам четыре уменьшенных трезвучия:

VI♭	III♭	VII♭	IV
IV	I	V	II
II	VI	III	VII

Первое из них принадлежит минору или гарм. мажору, второе,—мелод. минору, третье—мелод. мажору, четвертое—диат. мажору или гарм. минору. Эти уменьшенные трезвучия войдут в состав аккордов нашей системы, о которых будет речь впереди. Они могут употребляться и самостоятельно, при чем функциональное значение их определяется каждый раз той группой, к которой они принадлежат.

Уменьшенная квинта, как известно, высший по порядку интервал диатонической системы; дальнейшее увеличение числа квинт создает уже *новые интервалы*, свойственные мажоро-минорной системе. См. Гл. I § 7.

d) *Семь квинт дают увеличенную приму* (уменьшенную октаву), не создающую новых аккордов.

e) *Восемь квинт дают увеличенную квинту* (уменьшенную кварту). Их будет всего две (10—8=2) в десятитонной системе:

III
VI♭ и VII
III♭. Они создают *два увеличенных трезвучия*:

III	VII
I	V.
VI♭	III♭

Первое из них принадлежит *гармоническому мажору*, второе—*гармоническому минору*.

Эти увеличенные трезвучия входят, как увидим, в состав новых аккордов, из которых каждый будет встречаться в нашей системе *не более 2-х раз*. Они могут употребляться и *самостоятельно*, при чем каждый раз их функциональное значение определяется той группой, к которой они принадлежат. С группами, содержащими увеличенные трезвучия, познакомимся дальше. Всевозможные разрешения их будут рассмотрены подробно в статье о модуляциях.

f) Наконец, *последняя, девятая квинта дает уменьшенную септиму* (увеличенную секунду). Этот интервал, как высший по порядку, *один* в нашей системе: $\begin{matrix}VI\flat\\VII\end{matrix}$ и потому характеристичен для нее. Он создает только один аккорд:

уменьшенный 7- аккорд: $\begin{matrix}VI\flat\\IV\\II\\VII\end{matrix}$

Трезвучия мажоро-минорной системы.

3. Как известно уже из § 2а), мажорных трезвучий, так же как и минорных, в нашей системе будет всего *шесть*:

	III♭	VII♭	IV	I	V	II						
мажорные:	I	V	II	VI	III	VII						
	VI♭	III♭	VII♭	IV	[I]	V						
							I	V	II	VI	III	VII
минорные:							VI♭	III♭	VII♭	IV	I	V
							IV	[I]	V	II	VI	III

Мы уже знаем, что группа из трех смежных мажорных твезвучий:

I	V	II
VI	III	VII
IV	[I]	V

представляет собой полную семитонную (диатоническую) систему, для которой тоникой служит трезвучие, лежащее в центре группы: $\begin{matrix}V\\III\\\boxed{I}\end{matrix}$. Мы видим теперь, что в нашей системе таких групп из трех смежных мажорных трезвучий будет не одна, а *четыре*; каждая из них представляет собой *полную диатоническую систему, с тоникой лежащей в центре группы.*

И так в нашей системе содержатся, кроме главной диатонической системы, еще три других диатонических системы, для которых тониками будут IV-ая, VII♭-ая и III♭-ая ст. В отличие от главной, будем называть эти три тоники *подчиненными*, а соответствующие им диатонические строи,—*подчиненными строями*. Так как строи эти лежат целиком в данной 10-тонной системе, *они обладают в пределах этой системы, полными тремя группами аккордов, свойственными диатонической системе*: D^1, S^1 и T^1. Мы можем, очевидно, делать отклонения в любой из этих подчиненных строев, *не покидая нашей тональной системы*. Такое *временное отклонение в подчиненную тональность, при непрекращающемся господстве главной*, будем называть *средитональным отклонением*.

Совершенно аналогично мажорным трезвучиям, как видно из нашей таблицы, и в 6 минорных содержатся также, кроме главной системы, еще три других, подчиненных, для которых тониками служат V-ая, II-ая и VI-ая ст.; но, из всех минорных систем только главная, одноименная с мажорной,

имеет мажорную доминанту: II / VII / V, свойственную *гармоническому минору*; остальные три не имеют таких доминант среди мажорных трезвучий: это—*только натуральный минор* и потому средитональные отклонения в эти минорные тональности невозможны.

Дадим несколько примеров средитональных отклонений в подчиненные тональности IV-ой, VII♭, и III♭ -ей ст. При этом, повторяем, все диатонические аккорды подчиненных строев *лежат в пределах нашей мажоро-минорной системы, которая таким образом в сущности не покидается*:

85.
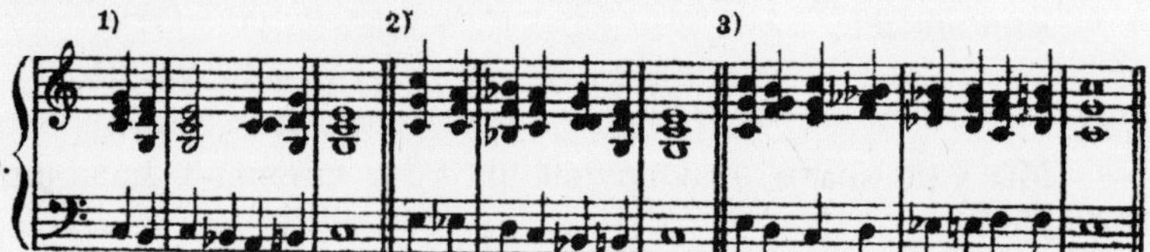

Строи: $I^{ой}$ — $IV^{ой}$ $I^{ой}$ ст $I^{ой}$ $VII\flat^{ой}$ — $I^{ой}$ ст. $I^{ой}$ — $III\flat^{ой}$ — $IV^{ой}$ $I^{ой}$ ст.

Бетховен, финал $9^{ой}$ симфонии.

86.

Строи: $I^{ой}$ — $III\flat^{ей}$ — $VII\flat^{ой}$ —

— $I^{ой}$ ст.

4. Как видно из таблицы трезвучий, *каждое мажорное трезвучие, кроме последнего слева, может служить доминантой смежному с ним слева мажорному или минорному трезвучию*; так же, *каждое мажорное или минорное трезвучие* кроме

последнего справа, *может служить субдоминантой смежному с ним трезвучию справа.*

Это позволяет нам тем и другим путем делать *частичные средитональные отклонения* не только в указанные выше три подчиненные тональности, но и в *такие, которые целиком не лежат в пределах нашей системы.*

а) *Отклонение в строй VI♭-ой ст.* В нашей системе эта тональность имеет, как видно, доминанту (хотя лишенную 7-мы), но совсем *не имеет субдоминанты.* Возможны короткие отклонения в пределах системы, если не касаться субдоминанты:

87. 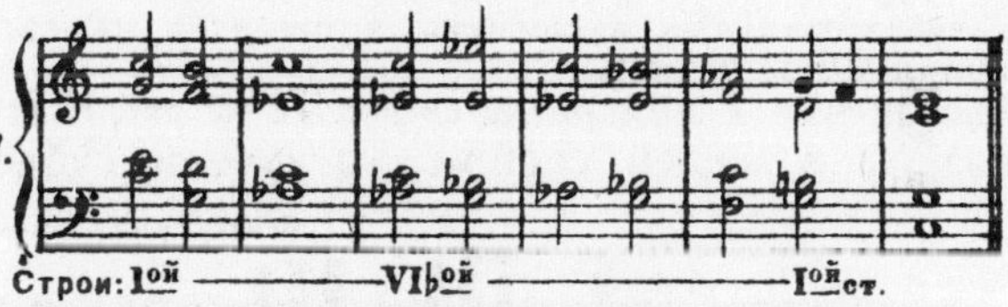

Отсутствием II♭-ой ст. в системе создается для строя VI♭-ой ст. *лидийский лад*, придающий особенно суровый характер следующему отрывку:

Вебер „Фрейшюц"

88. 

В нем, хотя и выдержана VI♭-ая ст., строго говоря, средитонального отклонения в строй этой ступени нет.

b) *Отклонение в минорный строй IV-ой ст.* В нашей системе эта тональность имеет доминанту: $\begin{matrix}\text{V}\\ \text{III}\\ \text{I}\end{matrix}$, но, как видно, *лишена субдоминанты.*

89. 

Примечание. Впрочем строй этот имеет субдоминанту в мелодическом миноре: IV♭ VI II VII♭ и потому в этом виде минора возможны более продолжительные среднтональные отклонения в пределах нашей тональной системы (смотри § 9 b) примеч.).

c) *Отклонение в минорный строй II-ой ст.* В этом строе нет доминанты в нашей системе, но имеется субдоминанта.

90. 

Такие же короткие отклонения через субдоминанту возможны и в минорные строи V-ой, VI-ой и III-ей ст.

5. Ряд коротких срединтональных отклонений в строи VI♭-ой, III♭-ей, VII♭-ой и IV-ой ст. может создать *неполную срединтональную модулирующую секвенцию.* О ней, в ее полном виде, будем говорить в главе о секвенциях. Здесь секвенция прерывается отсутствием доминанты ко II-ой и V-ой ст.

91. 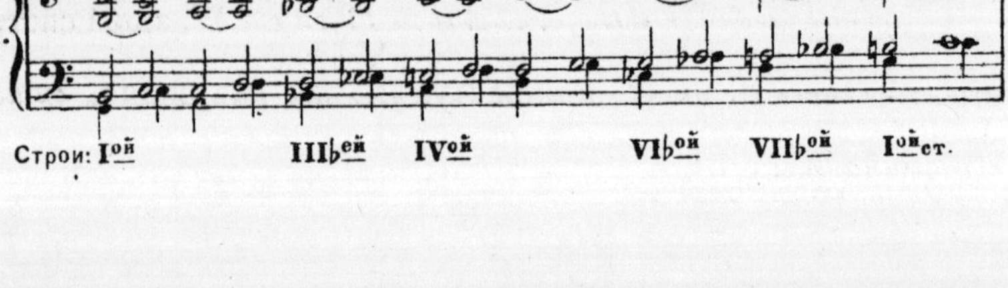

92. 

Такое непосредственное сопоставление тональностей, отличающихся друг от друга несколькими ключевыми знаками, возможно только благодаря тому, что они в данном случае объединены господствующей главной тональностью, *обнимающей эти строи.*

6. Перечисленные в § 3 хроматически измененные трезвучия встречаются не только в средитональных отклонениях; они могут, без всяких отклонений в подчиненные тоники, непосредственно *замещать соответствующие диатонические трезвучия или быть сопоставлены с ними.*

a) употребление хроматически измененных трезвучий взамен диатонических:

93. 

b) соединение диатонических и хроматически измененных трезвучий *одной и той же ступени*:

94. 

c) Чередование диатонических трезвучий с хроматически измененными. Чередование трезвучий I-ой и VI♭-ой ст., V-ой и III♭-ей ст.:

95. 

Так же возможно чередование трезвучий: III♭-ой и I-ой ст., V-ой и VII♭-ой ст.

Обратно симметрично чередованию мажорных трезвучий: I-ой и VI♭-ой ст., V-ой и III♭-ей ст. будет чередование *двух минорных трезвучий*: I-ой и III-ей ст., IV-ой и VI-ой ст., гениально примененное Вагнером:

Вагнер „Золото Рейна“

96. 

Диссонирующие аккорды мажоро-минорной системы.

7. Как уже сказано в гл. II § 21, чтобы получить полную систему аккордов 10-тонного ряда, нам надо *к трем группам аккордов диатонической системы присоединить их хроматические видоизменения*. Для этого мы должны сделать в этих аккордах всевозможные замены трех диатонических ступеней VI-ой, III-ей и VII-ой ст. соответствующими пониженными: VI♭-ой, III♭-ей и VII♭-ой ст.

Аккорд каждого вида может занимать несколько положений в пределах 10-тонной системы, число которых определяется каждый раз *высшим по порядку интервалом*, входящим в состав аккорда. Будем всюду отмечать этот интервал вилкой.

Аккорды, состоящие из *диатонических интервалов*, но содержащие тоны, хроматически измененные, будем называть *хроматическими по положению*; аккорды же, содержащие *хроматические интервалы*—*хроматическими по существу*.

Доминантная группа.

8. Аккордов этой группы будет всего два:

VI	VII♭
IV	IV
II	II
VII	VII
V	V
D^1	D^2

Первый из них, большой мажорный 9-аккорд D^1, уже известен нам из диатонической системы; второй, малый мажорный 9-аккорд назовем: D^2. Замена VII-ой ст. пониженной: VII♭ не дает доминантной гармонии и потому здесь неуместна. Получаемые при этом 7-аккорды, 7Vмин. и 7VII♭, принадлежат натуральному минору; о применении их в нашем миноре прямого наклонения см. дальше § 11.

a) Доминантных аккордов D^1 будет всего 4 (по числу уменьшенных квинт): на VII♭-ой, IV-ой, I-ой и V-ой ст.; это—доминанты к главному и трем подчиненным строям. Разрешение этого аккорда нам известно.

b) Доминантных аккордов D^2—*только один* (уменьшенная септима в системе—одна). Это—доминанта к главному строю, для *минора или гармонического мажора*. Разрешение D^2 правильное.

Субдоминантная группа.

9. Возможны следующие четыре типа аккордов этой группы:

V	V	V	V
III	III♭	III	III♭
I	I	I	I
VI	VI	VI♭	VI♭
IV	IV	IV	IV
II	II	II	II
$11S^1$ маж.	$11S^2$ мел. мин.	$11Z^1$ гарм. маж.	$11Z^2$ мин.

Аккорды с *большой ноной* по прежнему будем обозначать знаком ^{1}, с *малой ноной*—знаком ^{2}; аккорды с уменьшенной квинтой в основе будем называть Z.

Примечание. Аккорды указанных типов могут быть построены в пределах системы не только на II-ой ст., но и на других ступенях; однако, построенные на VI-ой, III-ей и VII ст., они не могут иметь в нашей системе субдоминантного значения, так как для соответствующих тоник не имеется доминанты в пределах системы.

Разберем эти аккорды в отдельности.

a) *Аккордов* $11S^1$ *будет всего четыре*: на IV-ой, I-ой, V-ой и II-ой ст.; это—субдоминанта к главной и трем подчиненным строям.

Примечание. По числу больших септим, такого типа аккордов—*всего пять*; на IV-ой, I-ой, V-ой, II-ой и VI-ой ст.; но крайний справа, на VI-ой ст., может иметь только тоническое значение, как увидим дальше.

Аккорды эти принадлежат *мажору*. Разрешение их правильное (см. главу II § 19).

97.

b) *Аккордов 11S²—всего два*: на V-ой и II-ой ст.; это—субдоминанта к главному строю и строю IV-ой ст.

Примечание. По числу уменьшенных квинт аккордов такого типа—четыре; два остальных, на VI-ой и III-ей ст., невозможны как субдоминанты.

Аккорды эти принадлежит *мелодическому минору*. Разрешение их *необычно*, вследствие необходимости вести VI-ую ст. вверх (см. гл. III § 15). I-ая ст., в *избежание удвоения вводного тона, должна идти плавно вверх или скачком на V-ую или IV ст.*

98.

Хорал №177

99.

Аккорд [S²] , обладает той особенностью, что

по звучности совпадает с доминантсептаккордом (строя B) и таким образом служит часто средством к модуляции.

---

*) Такое исключительное разрешение 7-аккорда II-ой ст. вполне применимо и в мажоре.

Разрешение верхнего 7-аккорда $[[S^2]]$ правильно, во всех сочетаниях; но разрешение *автентическое 2-го рода здесь не возможно* (см. гл. II § 19,3).

100.

c) *Аккорд* $11Z^1$ *— только один*; это — субдоминанта к главному строю.

Примечание. По числу увеличенных квинт такого типа аккордов, *хроматических по существу*, должно быть *два*; но 2-ой, на VI-ой ст., применяется, как увидим, только как тоническая гармония.

Субдоминантный аккорд $11Z^1$ принадлежит *гармоническому мажору*. Кроме основного 7-аккорда Z, он во всех своих сочетаниях разрешается чаще всего в $[D^2]$ или D^2; для верхнего 7-аккорда $[[Z^1]]$ возможно *только разрешение автентическое 2-го рода.*

101.

d) *Аккордов* $11Z^2$ *— только один:* это — субдоминанта к главной тональности.

Примечание. По числу уменьшенных квинт такого типа аккордов должно быть *четыре;* остальные три, на VI-ой, III-ей и VI-ой ст., невозны как субдоминанты.

Субдоминантный аккорд $11Z^2$ принадлежит *минору.* Он так же как Z^1 разрешается чаще всего в $[D^2]$ и D^2; для верхнего 7-аккорда $[[Z^2]]$ также возможно *только разрешение автентическое 2-го рода.* Все примеры 101 пригодны и здесь с заменой III-ей ст. пониженной; III♭

Геварт в своем „Traité d'harmonie" приводит любопытный пример применения нонаккорда Z^2, со II-ой ст. ввиде верхней педали, испанскими гитаристами:

102. 

Тоническая группа аккордов.

10. Замена в основной тонической группе VI-ой, III-ей и VII-ой ст. пониженными дает нам всего восемь разных аккордов. Однако, как легко убедиться, из них половина на деле неприменима; в самом деле:

a) Одновременное употребление VI-ой и VII♭-ой ст. невозможно, так как создает невозможное *смешение мелодического минора с натуральным*, или же *диатонического мажора с мелодическим.*

b) Одновременное же употребление VI♭-ой и VII-ой ст. невозможно, так как VII-ая ст. не может при этом правильно разрешаться вниз и служить ноной в аккорде; она слышится как нижняя вспомогательная к I-ой ст. и весь аккорд превращается в случайное сочетание.

Итак VI-ая и VII-ая ст. должны быть всегда *одновременно либо диатонические, либо пониженные*; из восьми аккордов в нашем распоряжении остаются только следующие четыре:

II	II	II	II
VII	VII♭	VII	VII♭
V	V	V	V
III	III	III♭	III♭
I	I	I	I
VI	VI♭	VI	VI♭
11T¹ маж.	11T♭¹ мел. маж.	11Q¹ мел. мин.	11Q♭¹ мин.

Во всех этих аккордах—только *большая нона.* Сохраняем тем не менее, для удобства значек ¹ при T, хотя T² уже не будет.

Знак ♭ при буквах указывает на понижение VI-ой и, одновременно, VII-ой ст.. Аккорды Q¹—с пониженной III-ей ст.: III♭.

a) *Аккордов 11T¹—всего четыре*: на I-ой, V-ой, II-ой и VI-ой ст.; это—тоническая гармония к главному и к трем подчиненным строям.

Примечание. Аккорд этот по построению совпадает с 11S¹; всего такого типа аккордов, как мы уж знаем (см. § 9 а) примеч.),—пять, по числу больших септим: на IV-ой, I-ой, V-ой, II-ой и VI-ой ст; первый из них, на IV-й ст., невозможный в системе как тоническая гармония (строй VI♭-ой ст. не имеет субдоминанты в нашей системе), как мы уже видели, применим как 11S¹ к строю III♭-ей ст. Построенные на I-ой, V-ой и II-ой ст., они возможны *одновременно как субдоминанты и как тонические гармонии.*

Эти аккорды принадлежат *мажору*; разрешение их правильное. Приводим применение 11T¹, построенного на II-ой ст. т.-е. в подчиненном строе IV-ой ст., для удобного сравнения с разрешением того же аккорда в значении $11S^1$ (см пр. 97):

103.

b) *Аккордов* $11T^1_\flat$—*всего один*; это тоническая гармония к главному строю. В других группах, аккордов такого построения нет.

Примечание. По числу увеличенных квинт, такого типа аккордов *два*; но второй, на III♭-ой ст., в системе неприменим.

Он принадлежит *мелодическому мажору*.

Разрешение его правильно, но основной бас имеет при этом необычный ход на *уменьшенную 5-ту*:

104.
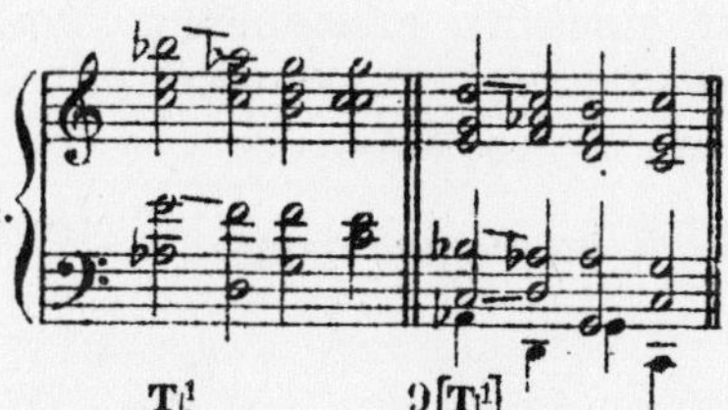

c) *Аккордов* $11Q^1$—*всего один*; это—тоническая гармония к главному строю.

Примечание. Аккорд этот по построению совпадает, как мы знаем, с $11Z^1$; по числу увеличенных квинт такого типа аккордов *два*; второй, на II-ой ст., как мы видели, применяется как $11Z^1$. Но он же мог бы применяться и как $11Q^1$ в *мелодичном миноре* IV-ой ст., что не нарушало бы тональной системы.

Он принадлежит *мелодическому минору*. Разрешение его правильно и приводит к группе S^2 мелодического минора:

105.

d) *Аккордов* $11Q\flat^{1}$*—только один*, это—тоническая гармония к главному строю; аккорда с таким построением в других группах нет.

Примечание. По числу увеличенных кварт (уменьшенных квинт) такого типа аккордов должно быть всего четыре; но остальные в системе не применимы за отсутствием соответствующих подчиненных тоник.

Принадлежит он *минору*. Разрешение его правильное:

106. 

11. В гл. III §§ 12, 13 и 14 мы познакомились с 7-аккордами натурального минора. Все они находят применение в нашем миноре прямого наклонения, примыкая к той или иной функциональной группе аккордов.

a) *Минорная доминантная группа*: 107. 

Нижний 9-аккорд этой группы как теперь видим, *совпадает с верхним 9-аккордом группы* $Q\flat^{1}$ и, так же как он *разрешается в субдоминантную группу*. Верхний же 7-аккорд, 7Vмин. не входит в группу $Q\flat^{1}$; так как он также разрешается в субдоминанту, он также исполняет с точки зрения прямого наклонения *функцию тонического аккорда* и таким образом, как бы, дополняет собой сверху группу $Q\flat^{1}$.

Как мы уже знаем, правильное разрешение его в натуральном миноре 108.  (см гл. III § 12). Применяя его в нашем миноре прямого наклонения в качестве тонической гармонии, мы можем после субдоминанты строить полную каденцию; кроме 7-аккорда II-ой ст. возможны разрешения и в другие формы субдоминанты:

109. 

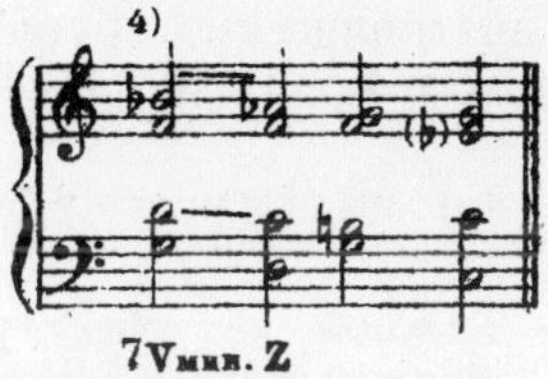

или эллиптически прямо в D: 109. 

Разрешения 4) и 5) возможны как в миноре, так и в мелодическом мажоре.

110. 

b) *Минорная субдоминантная группа*:

Верхний 7-аккорд этой группы *совпадает* с аккордом Z субдоминантной группы Z^2. Нижний же 7-аккорд 7VII♭ не входит в эту группу; но ввиду его субдоминантного значения, он как бы, дополняет собой *снизу* группу Z^2, подобно тому как 7Vмин. дополняет собой *сверху* тоническую группу $Q_{\flat}^{1}$. Правильное разрешение его—плагальное, в тонику, при чем IV-ая ст. служит ему основным басом; для разрешения же его в мажорную доминанту, как этого требует наш минор прямого наклонения, приходится предварительно заменить его аккордом Z; непосредственно в доминанту он разрешается только эллиптически. См. пр. 77в.

111. 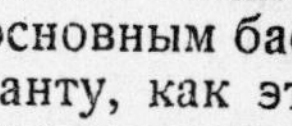

c) *Минорная тоническая группа*:

Эта группа разрешается, как известно, в *минорную доминантную группу*. Такое разрешение, однако, совершенно не свойственно нашему минору прямого наклонения, поэтому те же 7-аккорды хотя и встречаются в последнем, но уже с *другим функциональным значением* и с *другим разрешением*. Нижний 9-аккорд принадлежит группе Z^2, а верхний 7-аккорд—группе $Q_{\flat}$. Тем не менее свойственные натуральному минору разрешения этих трех 7-аккордов, дающие *распространенную плагальную каденцию*, вполне применимы в нашей музыке. См. 80с.

12. Почти во всех приведенных нами примерах, аккорды мажоро-минорной системы употреблены в их основном виде; они же могут, конечно, применяться и во всех обращениях, причем последние часто благозвучнее аккордов в основном виде.

Повторим для наглядности вкратце сказанное выше. В мажоро-минорной системе имеются следующие группы аккордов:

a) D^1, S^1, T^1 (наши основные диатонические группы)— каждая из этих групп имеет *четыре* положения: в главной и трех подчиненных тональностях.

b) S^2—эта группа имеет всего *два* положения: в главном строе и строе IV-ой ст.

c) D^2, Z^1, Z^2, $T_{\flat}^1$, Q^1, $Q_{\flat}^1$—для каждой из этих групп возможно только *одно* положение: в главной тональности.

Кроме этих групп аккордов, мажоро-минорная система содержит еще два 7-аккорда натурального минора, 7Vмин. и 7VII♭, за которыми следует субдоминантная гармония.

13. Так же, как трезвучия диатонические могут сочетаться с трезвучиями хроматически измененными (§ 6), и 7-аккорды диатонические могут быть тоже сопоставлены непосредственно с 7-аккордами хроматически измененными. Такие сочетания 7-аккордов дают средитональные отклонения в подчиненные тоники; большею частью их приходится рассматривать как эллиптические соединения, так как при этом пропускается разрешение первого 7-аккорда в трезвучие. Необходимым условием таких сочетаний является плавность голосоведения. Непосредственные сочетания 7-аккордов могут быть очень разнообразны; приводим только некоторые примеры:

a) D главного строя сочетается с D подчиненных строев и обратно:

112. 

D строя: I-ой IV-ой VII♭-ой III♭-ой ст.

b) D главного строя сочетается с [D^1] подчиненных строев и обратно:

112a. 

[D^1] строя: IV-ой VII♭-ой III♭-ой ст.

ГЛАВА V.

Хроматическая система.

1. Мы уже обогатили диатоническую систему, присоединив к ней три новых тона: VI♭-ую, III♭-ью и VII♭-ую ст., что дало нам 10-тонную мажоро-минорную систему. Можно еще значительно расширить тональную систему прибавлением к ней ряда новых тонов по квинтам.

Прибавлять новые тоны к нашей диатонической системе мы можем только под непременным условием, чтобы *эти тоны не нарушали нашего основного ряда*: новый тон нашей хроматической системы *не должен давать энгармонического унисона ни с одним из тонов основного ряда*. Соблюдая это условие, мы можем прибавить в квинтовом порядке к основному ряду, IV [T] V II VI III VII, всего *по пяти тонов справа и слева*:

V♭ II♭ VI♭ III♭ VII♭ | IV [T] V II VI III VII | IV♯ I♯ V♯ II♯ VI♯

Как известно (см. гл. I § 7), всякий тон составляет энгармонический унисон с тоном, отстоящим от него на двенадцать квинт. Так, тон следующий слева за V♭-ой ст., I♭-ая ст., совпадает энгармонически с VII-ой ст., а тон, следующий справа за VI♯-ой ст., III♯, составляет энгармонический унисон с IV-ой ст.; поэтому оба они уже нарушают наш основной ряд и следовательно не могут входить в нашу тональную систему.

К тому же результату придем, разсуждая так: каждый из пяти *целых тонов* диатонической гаммы может быть двояко разделен на два полутона, путем повышения нижнего или понижения верхнего тона; это дает нам всего десять хроматически измененных ступеней: пять пониженных и пять повышенных ступеней.

Приведенный выше ряд 17-ти тонов и составит нашу новую хроматическую тональную систему. Со стороны пониженных тонов, уже три вошли в состав мажоро-минорной системы. В хроматической системе, в сторону бемолей новыми будут только две пониженных ступени: V♭-ая и II♭-ая; в сторону же диэзов—все пять повышенных: IV♯ I♯ V♯ II♯ и VI♯.

2. Одновременное употребление такого сложного звукоряда, конечно, невозможно. Каждый 13-ый тон этого ряда как известно, приводит нас к энгармоническому унисону

очевидно, поэтому, что одновременно можно пользоваться только 12-ью тонами нашего ряда. Таким образом 17-ти-тонный ряд распадается на шесть отдельных хроматических звукорядов:

1.			IV	I	V II	VI III VII	IV♯ I♯ V♯ II♯ VI♯
2.		* VII♭	IV	I	V II	VI III VII	IV♯ I♯ V♯ II♯
3.		III♭ VII♭	IV	I	V II	VI III VII	IV♯ I♯ V♯
4.		VI♭ III♭ VII♭	IV	I	V II	VI III VII	IV♯ I♯
5.	* II♭	VI♭ III♭ VII♭	IV	I	V II	VI III VII	IV♯
6.	V♭ II♭	VI♭ III♭ VII♭	IV	I	V II	VI III VII	

Все шесть типов гамм принадлежат хроматическому мажору; *хроматическому же минору—всего только три последних.* В самом деле, как известно, натуральный минор (он помечен здесь вертикальным пунктиром) содержит три ступени, VI♭-ную, III♭-ью и VII♭-ную, которые никак не могут быть заменены энгармонически тонами: V♯, II♯, VI♯: последние три ступени в миноре невозможны; поэтому хроматическому минору принадлежат только типы 4, 5 и 6. Типы же 1, 2 и 3 принадлежат исключительно хроматическому мажору.

Как видно, все шесть звукорядов, за исключением первого, содержат VII♭-ую ст. и все, за исключением последнего, содержат IV♯-ную ст.

3. Из трех первых, исключительно мажорных звукоряда, первый, содержащий только знаки повышения, носит интенсивно мажорную окраску; он встречается сравнительно редко; его характеристикой является VI♯-ая ст.

113.

114.

Второй звукоряд, помеченный звездочкой,—самый совершенный тип хроматического мажора; он содержит одну пониженную ступень: VII♭-ую; по этому типу пишется обычно *восходящая хроматическая гамма мажора:*

115. 

4. Из трех последних звукорядов, принадлежащих, кроме хроматического мажора, также и хроматическому минору, лучшим, наиболее часто встречаемым типом является 5-ый, помеченный звездочкой; по этому типу пишется обычно *хроматическая гамма минора и нисходящего мажора*:

116.  и обратно.

Хроматический ряд этого типа прибавляет к нашему мажоро-минору только две новых измененных ступени: IV♯-ую и II♭-ую, играющих очень важную роль в нашей гармонии.

Наконец последний, 6-ой тип, с мрачно минорным оттенком, содержит *только знаки понижения*; он встречается сравнительно редко; его характеристикой является V♭-ая ст.

117. 

118. 

5. Как видно, кроме двух обычных хроматических гамм средних типов: 2-го и 5-го, возможны еще четыре других. Правописание хроматической гаммы меняется в зависимости от гармонизации ее. Полную гармонизацию всех шести хроматических гамм найдем дальше в главе о модулирующих секвенциях.

Мелодия вращается обыкновенно на известном протяжении в пределах одного из шести типов гамм. Однако вполне возможно употребление разных типов гамм *одновременно в разных голосах*, особенно в ряде хроматически проходящих нот:

119. тип. 5 ,, 4 ,, 1 

Диатонические интервалы и аккорды хроматической системы.

6. Все интервалы, *не превышающие 6 квинт* (в хроматической системе число каждого из них значительно возрастает), остаются *диатоническими по существу*; те же из них, которые снабжены знаками повышения или понижения по отношению к главному строю будем называть *хроматическими по положению*, например, в хроматическом строе C: D—FIS, DES—F.

Так же будем называть и аккорды, содержащие их; например, в хроматическом строе C, хроматическими по положению будут аккорды:

120. 

Все же интервалы, *обнимающие больше шести квинт*, будем называть *хроматическими по существу*, например, в хроматическом строе C: DES—E, FIS—AS.

Так же будем называть и аккорды, содержащие их; например, в хроматическом строе C, хроматическими по существу будут аккорды:

121. 

Трезвучия хроматической системы.

7. *Больших терций в хроматической системе будет всего 13* (17 — 4 = 13). Этим определяется число мажорных и минорных трезвучий хроматической системы. Вот полная таблица их:

Мажорные:

III♭	VI♭	III♭	VII♭	IV	I	V	II	VI	III	VII	IV♯	I♯
VII♭	IV	I	V	II	VI	III	VII	IV♯	I♯	V♯	II♯	VI♯
V♭	II♭	VI♭	III♭	VII♭	IV	I	V	II	VI	III	VII	IV♯

Минорные:

VII♭	IV	I	V	II	VI	III	VII	IV♯	I♯	(V♯	II♯	VI♯)
V♭	II♭	VI♭	III♭	VII♭	IV	I	V	II	VI	(III	VII	IV♯)
III♭	VII♭	IV	I	V	II	VI	III	VII	IV♯	(I♯	V♯	II♯)

Последние три минорных трезвучия поставлены в скобки, так как имеют в системе совершенно второстепенное значение, как увидим дальше.

Последние справа три мажорных трезвучия невозможны в минорном ладе, так как содержат противоречащие этому ладу тоны: V♯-ая, II♯-ая и VI♯-ая ст.

Они отделены вертикальным пунктиром.

Как известно из прежнего, каждые три смежных мажорных трезвучия представляют собою полную диатоническую систему, подчиненную главной; также, каждые три смежных минорных трезвучия составляют нормальную минорную систему *под условием существования для нее указанной стрелкой мажорной доминанты.*

Мажорные трезвучия в сторону бемолей.

8. К знакомым уже нам из мажоро-минорной системы мажорным трезвучиям VII♭-ой, III♭-ей и VI♭-ой ст. здесь присоединяется только *два новых: трезвучия II♭-ой и V♭-ой ст.*

а) Трезвучие VI♭-ой ст. не имело субдоминанты в 10-тонной системе; теперь оно приобретает ее и поэтому может служить полной подчиненной тоникой, в строй которой могут быть сделаны средитональные отклонения.

122. 

Строи: I-ой VI♭-ой I-ой ст.

b) *Трезвучие II♭-ой ст.* имеет особенно важное значение в нашей хроматической системе. Оно может непосредственно *замещать соответствующее диатоническое трезвучие II-ой ст.*, как новая субдоминантная гармония

123. 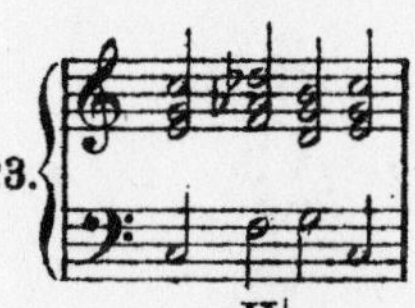

II♭

Это дает новый ход основному басу, на уменьшенную

квинту вниз: 124. 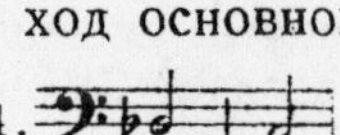

Шопен. Прелюдия Op.28 №20.

124a. 

col 8

II♭

Вагнер „Зигфрид"

125. 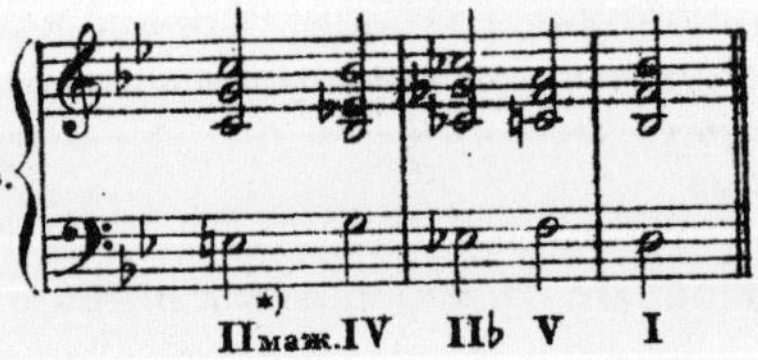

На трезвучии II♭-ой ст. как субдоминанте, может быть построен *большой субдоминантный 7-аккорд*: хроматически измененный аккорд Z.

Назовем его Z♭: I / VI♭ / IV / II♭

126. 

На нем может быть также построен и субдоминантный 9-аккорд.

Назовем его $Z\flat^{2}$: III♭ / I / VI♭ / IV / II♭

127. 

Оно же может замещать уменьшенное трезвучие II-ой ст. в аккорде 7VII♭, что создает 7VII♭мин.:

128. 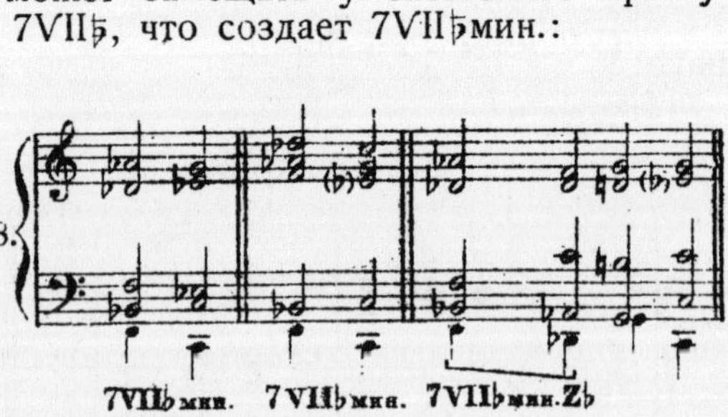

---

*) см. дальше § 10 а).

Трезвучие II♭-ой ст. имеет и другое очень важное значение: оно может служить *подчиненной тоникой*. Срединтональные отклонения в строй II♭-ой ст. встречаются очень часто:

Вагнер „Лоэнгрин"

129.

c) *Трезвучие V♭-ой ст.*, не имея слева субдоминанты, не может быть подчиненной тоникой в нашей системе.

Главное его назначение — служить субдоминантой при отклонениях в подчиненный строй II♭-ой ст.; также — VI♭-ой ст. в подчиненном минорном строе VII♭-ой ст. (см. дальше). В следующем примере оно слышится как трезвучие IV-ой ст. от подчиненного строя II♭-ой ст., при чем эллиптически возвращается прямо в t главного строя:

Лист. Этюд Des-dur.

130.

Des-выдержанный бас.

Минорные трезвучия в сторону бемолей.

9.a) *Минорное трезвучие IV-ой ст.* (*IVмин.*), лишено субдоминанты в мажоро-минорной системе; в хроматической же системе оно приобретает ее, (трезвучие VII♭-ой ст.) и потому может служить подчиненной тоникой наряду с мажорным трезвучием IV-ой ст.

---

*) Энгармоническое равенство будем обозначать знаком подобия: ∾

131. 

Здесь модуляция в минорный строй IV-ой ст., хотя и завершается полной каденцией в этом строе, должна тем не менее считаться средитональной: хроматическая система главного строя не покидается и последний продолжает быть господствующим.

b) *Минорное трезвучие VII♭-ой ст.* (*VII♭ мин.*), как видно из таблицы, имеет также в пределах нашей системы, как доминанту (мажорное трезвучие IV-ой ст.), так и субдоминанту (минорное трезвучие III♭-ей ст.) и потому может служить подчиненной тоникой, на ряду с мажорным трезвучием VII♭-ой ст.

132. 

Оно же может замещать мажорное трезвучие VII♭-ой ст. в аккорде 7V мин.; это создает акккорд: 7V мал.

133. 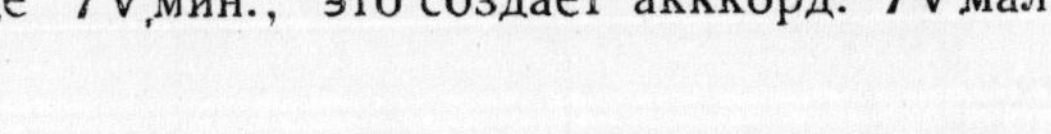

При (*) образуется хроматический доминантаккорд, о котором будет речь в гл. VI.

c) Наконец, *минорное трезвучие III♭-ей ст.* (*III♭ мин.*), как видно из таблицы, может только служить субдоминантой подчиненной тоники VII♭-ой ст. или II-ой ст. подчиненной тоники II♭-ой ст.

Мажорные трезвучия в сторону диэзов.

10. В хроматической системе мы приобретаем пять новых мажорных трезвучий: на II-ой, VI-ой, III-ей, VII-ой и IV♯-ой ст.; все они, кроме последнего, построены на диатонических ступенях.

a) Главное значение первых четырех—*служить доминантами к смежным с ними слева подчиненным тоникам*: мажорной V-ой ст. и минорным V-ой, II-ой, VI-ой и III-ей ст. Таким образом, „скрытые", как бы, в мажоро-минорной системе доминанты к этим подчиненным тоникам, теперь становятся „явными".

134.

В качестве доминант, все они конечно могут быть заменены соответствующими 7-аккордами или 9-аккордами.

Из них особенно важное значение имеет первое: трезвучие (7-аккорд и 9-аккорд) II-ой ст., *как доминанта от доминанты;* эти аккорды дают новую форму: *мажорной субдоминантной гармонии* главного строя; они могут при разрешении перейти эллиптически прямо в доминантаккорд главного строя.

Будем обозначать их через D_{II}, $D_{II}^{1,2}$

135.

Подобно тому, как субдоминантаккорд то и дело заменяется, в хроматической системе, *доминантой от доминанты* (средитональное отклонение в строй V-ой ст.), точно так же и тонические аккорды заменяются постоянно *доминантой от субдоминанты* (средитональное отклонение в строй II-ой, IV-ой или VI-ой ст.), (см прим. 85 1)) и 134 3)).

Таким образом, тоническая и субдоминантная функции нашей диатонической системы, в хроматической, как бы, стушовываются: *они заменяются доминантами.*

Вместо: 135ᵃ

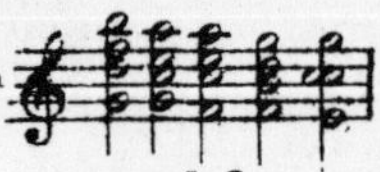

D T [S¹] D t

в хроматической системе мы видим: 135ᵇ

D D_{VI} D_{II} $[D^2]_{II}$ D t

b) Значение последнего трезвучия справа: IV♯-ой ст., совершенно так-же, — служить доминантой к создающейся в хроматической системе новой *подчиненной минорной тонике VII-ой ст.*

136.

IVмаж. VIIмин.

c) Как видно из таблицы, мажорные трезвучия II-ой, VI-ой, III-ей и VII-ой ст. могут кроме того, *служить сами подчиненными мажорными тониками* на ряду с минорными тех же ступеней:

Шопен. Скерцо Op. 31. Конец

137.

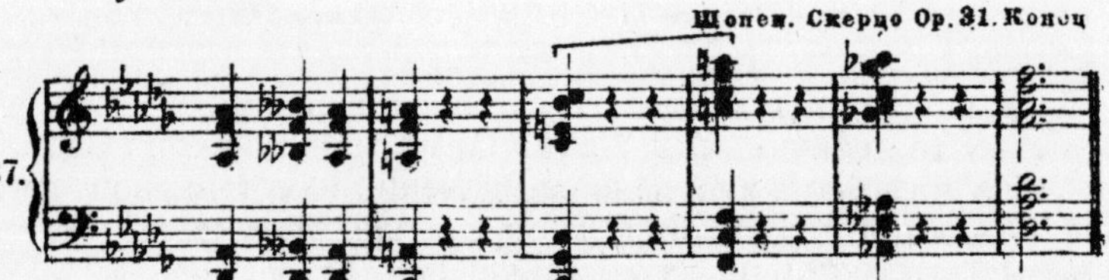

Маж. строй IIIей ст. строй Iой ст

Бетховен. 4ый ф-ный концерт.

138.

Маж. строй: IIIей ст.

Подчиненное тоническое трезвучие может быть взято *непосредственно*, без подготовляющей его доминанты:

Бетховен. 6ая симфония.

139. 

Из мажорных подчиненных тоник наиболее редко встречается и наименее естественно звучит мажорная тоника II-ой ст.

d) Из перечисленных четырех подчиненных тоник, II-ой, VI-ой, III-ей и VII-ой ст. как мажорных, так и минорных, *в минорном ладу возможна только первая*, на II-ой ст., так как последние три мажорных трезвучия справа, как известно, не существуют в миноре.

e) Последнее справа трезвучие IV♮-ой ст. исполняет исключительно функцию доминанты к тонике VII-ой ст. мажорной или минорной.

Минорные трезвучия в сторону диэзов.

11. Значение минорных трезвучий V-ой, II-ой, VI-ой, III-ей и VII-ой ст. как подчиненых тоник уже выяснилось из предыдущего.

a) Минорное трезвучие IV♮-ой ст. играет только роль минорной доминанты к подчиненной тонике VIIмин.

b) Последние три минорных трезвучия справа, поставленные в таблице в скобки, могут только исполнять второстепенную функцию побочных трезвучий II-ой, VI-ой и III-ей ст. в подчиненных строях VI-ой, III-ей и VII-ой ст., при среди-тональных отклонениях в эти строи.

12. Из всего сообщенного до сих пор мы видим, что хроматическая система дает нам:

a) *Для хроматического мажора всего 10 подчиненных тоник, три—только мажорных и семь—мажоро-минорных*:

II♭ VI♭ III♭	VII♭ IV V II VI III VII
мажорные	мажоро-минорные

b) *Для хроматического минора—всего семь*, три—мажорных и *четыре—мажоро-минорных*:

II♭ VI♭ III♭	VII♭ IV V II
мажорные	маж.-мин.

Как видно, *нет ни одной подчиненной тоники, построенной на повышенной ступени.*

13. a) Ясно, что три мажорных подчиненных тоники обладают в пределах нашей системы всеми гармониями диатонической системы: D^1, $11S^1$ *и* $11T^1$; все эти аккорды—*хроматичны по положению* относительно главного строя.

b) Семь мажоро-минорных тоник располагают в пределах нашей системы всеми гармониями мажоро-минорной системы, т. е. группами: $D^{1,2}$, $11S^{1,2}$, $11Z^{1,2}$, $11T^1$(♮) *и* $11Q^1$(♭), Из них, как известно, только D^2, $11Z^1$, $11T♮^1$ *и* $11Q^1$—*хроматичны по существу* так как содержат хроматические интервалы, к разбору которых мы теперь перейдем.

Мажоро-минорные хроматические интервалы и аккорды.

14. *Увеличенных квинт* в хроматической системе будет всего *девять* (17—8=9). Это дает нам *девять увеличенных трезвучий*:

II	VI	III	VII	IV♯	I♯	V♯	II♯	VI♯
VII♮	IV	I	V	II	VI	III	VII	IV♯
V♮	II♭	VI♭	III♮	VII♮	IV	I	V	II

B F C G D A E H

Как мы уже знаем из главы IV § 2, e), главной тональности принадлежат два увеличенных трезвучия: на ст. VI♮-ой и III♮-ей. Познакомившись с аккордами мажоро-минорной системы (глава IV §§ 9 и 10), мы видим, что эти два увеличенных трезвучия входят в построение аккордов $11Z^1$ как субдоминантная гармония, и аккордов $11T^1$ и $11Q^1$ как тоническая гармония. Такую же пару увеличенных трезвучий мы имеем для каждой из 7 мажоро-минорных подчиненных тоник; каждое из увеличенных трезвучий. таким образом, исполняет две функции: увеличенного трезвучия VI♭-ой ст. одного строя и увеличенного трезвучия III♮-ей ст. другого, за исключением двух крайних, имеющих только по одному значению.

Примечание. Увеличенные трезвучия могут исполнять также функцию и *доминантной* гармонии: они входят в построение 9-аккордов с интервалами высшего порядка, о которых речь будет дальше.

15. *Уменьшенных септим* в хроматической системе будет всего *восемь* (17—9=8). Это дает нам *восемь уменьшенных 7-аккордов*, типа [D²]:

V♭	II♭	VI♭	III♭	VII♭	IV	I	V
III♭	VII♭	IV	I	V	II	VI	III
I	V	II	VI	III	VII	IV♯	I♯
VI	III	VII	IV♯	I♯	V♯	II♯	VI♯
B	F	C	G	D	A	E	H

Уменьшенный 7-аккорд VII-ой ст.—верхний доминант-аккорд к главному строю; *остальные семь—к семи мажоро-минорным подчиненным строям* (как известно, мажоро-минорная система имеет только по *одному* уменьшенному 7-аккорду, служащему ей характеристикой).

a) Из побочных [D²] самое важное значение имеет уменьшенный 7-аккорд IV♯-ой ст. Как верхний доминантаккорд подчиненного строя доминанты G (относительно главного строя C), другими словами, как „*доминанта от доминанты*“, он исполняет, подобно IIмаж., D_{II}, и $D_{II}^{1,2}$, функцию *субдоминантной гармонии* относительно главного строя, и как таковой, может эллиптически переходить непосредственно в D или [D²] главного строя. Будем обозначать его (см. § 10, a) через $[D^2]_{II}$; (II-ая ст.—основной бас аккорда):

140. 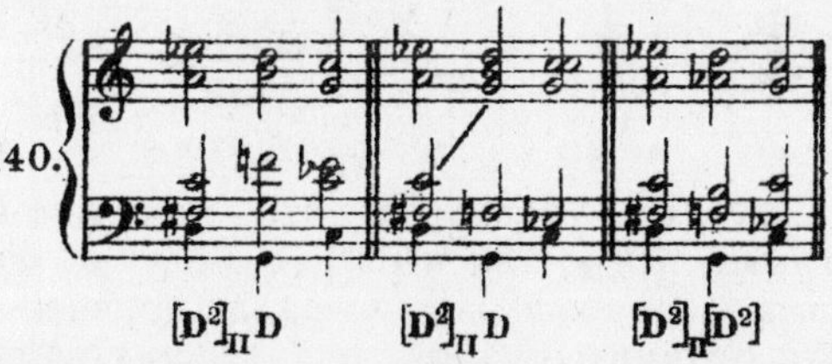

Как субдоминантная гармония главного строя, этот аккорд создает новую форму прерванной каденции:

141. 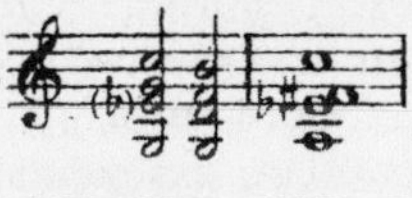

b) Часто он предшествует, как субдоминанта, *каденционному* $\frac{4}{6}$*-аккорду*, как в миноре, *так и в мажоре*:

142. 

Примечание. Каденционный ${}^{4}_{6}$-акк. в сущности—d с задержанием терции и квинты (см. Гл. о поб. тонах) и как таковой является не правильным а „случайным“ аккордом.

Моцарт. Соната D-dur.

143.

и т.д.

Такое сопоставление ладов, мажорного с минорным, как известно, обычно в мажоро-минорной системе. Часто встречаемая орфографическая замена в этом аккорде III♭-ей ст.—II♯-ой ст. неправильна, так как II-ая ст. как основной бас субдоминантной группы, не может быть хроматически повышен при автентическом разрешении в доминанту; здесь III♭-ая ст.—нона в аккорде D^{2}_{II}.

c) Часто встречается разрешение этого аккорда в минорное трезвучие или 6-аккорд I-ой ст. При разрешении в *мажорное* трезвучие или 6-аккорд I-ой ст., III♭-ья ст. заменяется II♯-ой ст. и аккорд превращается, как будто, в уменьшенный 7-аккорд к подчиненной тонике III-ьей ст.: $[D^2]_{VII}$:

144.

Однако, легко убедиться, что при таком разрешении аккорды эти, как $[D^2]_{II}$, так и $[D^2]_{VII}$, *лишены свойственных им основных басов*: основные басы эти (для первого аккорда это—II-ая ст., для второго—VII-ая ст.) здесь совершенно неприменимы. Аккорды эти *лишены, сталобыть, и самостоятельного функционального значения*; здесь остается неизменной функция тоники. Поэтому эти гармонические сочетания следует считать не *правильными аккордами*, как это делают некоторые теоретики („ложный“ уменьшеный 7-аккорд в учебнике Рим.-Корсакова!), а *случайными аккордами*, создающимися двойным и тройным задержанием в трезвучии I-ой ст. Сравни Гл. о побочных тонах.

Применение хроматически измененных аккордов взамен или в связи с диатоническими.

16. Так же как в мажоро-минорной системе (см. главу IV § 6), и в хроматической системе, все хроматически измененные трезвучия могут замещать соответствующие диатони-

ческие, быть непосредственно сопоставлены с ними или наконец следовать одно за другим.

а) *Применение хроматически измененных трезвучий взамен диатонических*; к ряду примеров 93, 123, 134 прибавим следующие:

145. 

b) *Соединение диатонических и хроматически изменённых трезвучий одной и той же ступени*; к примеру 94 прибавим следующие:

146. 

c) *Соединение хроматически измененных трезвучий разных ступеней:*

147. 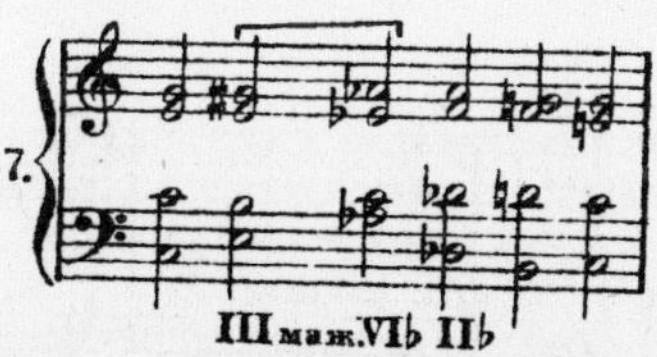

Как видно, такое сопоставление хроматически измененных трезвучий может привести к энгармоническому унисону двух смежных ступеней.

Вагнер „Тристан“

148. 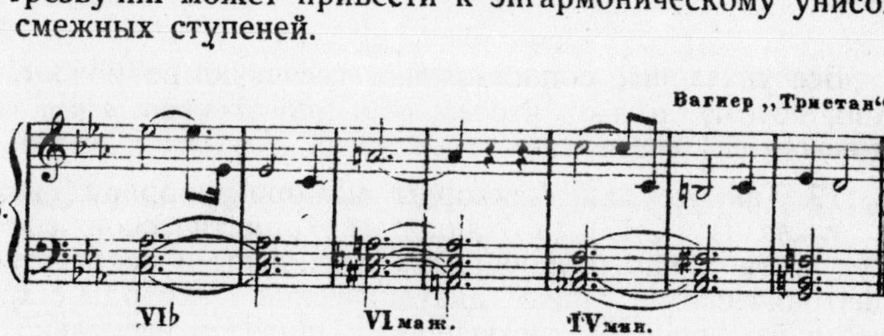

Здесь, кроме соединения хром. измененных трезвучий разных ступеней: VIмаж.+IVмин., мы видим сопоставление мажорного трезвучия VI-ой ст. с трезвучием VI♭-ой ст.

Римский Корсаков „Млада“ 4ое действие

149.

Здесь—чередование двух форм субдоминантной гармонии на выдержанной тонике в басу.

150.

Это соединение приводит к сопоставлению трех видов одной и той же ступени: dis, d, des. Такую именно последовательность мы видим в известном мотиве Вагнера из Кольца Нибелунгов:

150а.

Все указанные сопоставления трезвучий возможны, очевидно, потому только, что *все они принадлежат одной сложной тональной системе*.

17. Так же как 7-аккорды мажоро-минорной системы (см. глава IV § 13), и 7-аккорды хроматической системы могут быть очень разнообразно соединены непосредственно с диатоническими; также—диатонические 7-аккорды с хроматически измененными трезвучиями. Приведем несколько примеров таких сочетаний:

a) *D разрешается в хроматически измененные трезвучия*:

151. 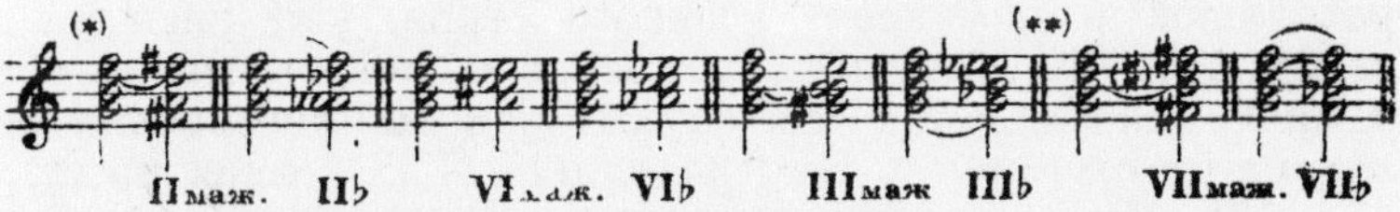

Те же сочетания возможны и обратно.

Большинство этих соединений может исполнять функцию *прерванной каденции.*

Примечание. В прим. (*) и (**) D воспринимается, впрочем, скорее как $^5_6S\sharp$ и $^5_6[U^2]$. (Смотри Гл. VI §§ 3 и 7), при чем орфография аккорда меняется.

b) *D сочетается эллиптически с D подчиненных строев* и обратно:

152. 

Некоторые из этих сочетаний уже приведены нами в пр. 112.

Примечание. В последнем примере (*) D опять воспринимается скорее как $^5_6[U^2]$. (См. Гл. VI § 7).

c) *[D²] сочетается эллиптически с [D²] всех мажоро-минорных подчиненных строев* и обратно:

153. 

17а Сочетания:

154. 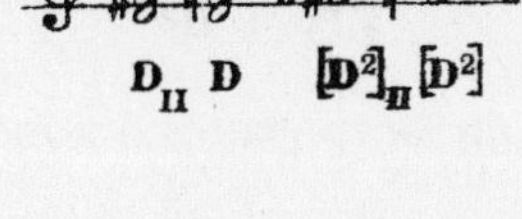

где D_{II} и $[D^2]_{II}$, в качестве „доминанты от доминанты“, исполняют функцию *субдоминантной гармонии*, эллиптически переходящей в доминанту главного строя, уже знакомы нам из пр. 135, 140. Они приобретают в нашей музыке особенно важное значение, так как служат основой построения „*модулирующих секвенций*“. Смотри дальше Гл. о секвенциях.

17b. Интересно часто встречающееся эллиптическое сочетание: $[D^2]_I + [D^2]$; при этом *подразумевается разрешение* $[D^2]_I$ *в трезвучие IV-ой ст.*.

155. 

Так же — сочетание $[D^2] + [D^2]_{II}$ с подразумеваемым разрешением первого аккорда в t:

156. 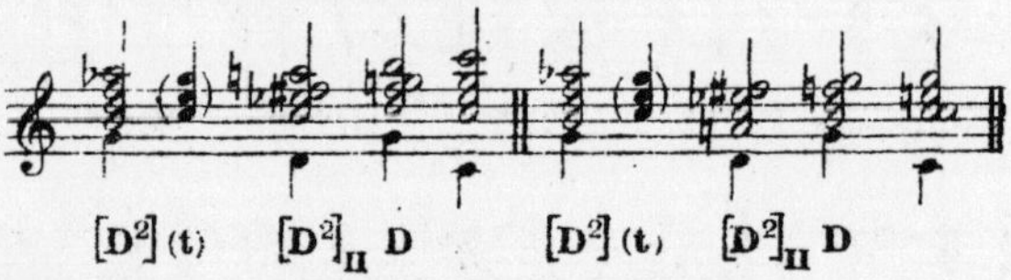

Эти сочетания не могут дать секвенции, так как представляют собой ход в обратном направлении.

157. 

Ложные трезвучия.

18. В нашей хроматической системе нет трезвучий: VI♭мин. и II♭мин:

III♭ VI♭
I♭ IV♭
VI♭ и II♭

Тем не менее они встречаются довольно часто, особенно

На самом деле мы имеем здесь дело с диссонирующими сочетаниями, которые правильно следует писать иначе.

Аккорд: 158. , на самом деле  —*уменьш.*

VI♭мин.

7-аккорд VII-ой ст. лишенный квинты и с нисходящим задержанием терции:

159. 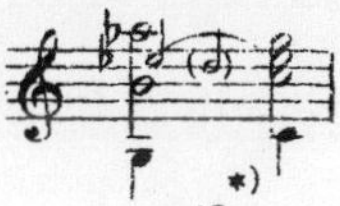

*)

$[D^2]^{+3}_{(5)}$

При разрешении задержание терции может быть связано эллиптически с терцией тонического трезвучия. Совпадение в темперованной системе этого случайного сочетания с минорным трезвучием VI♭мин. создает чарующий слуховой обман в известном мотиве Вагнера:

Вагнер „Валкирия"

160. 

(ос.б.♯ƒ) $[D^2]^{+3}_{(5)}$ D

Здесь орфография верная, но во многих местах драмы тот же аккорд написан ввиде минорного трезвучия **).

---

*) Цифра в скобках означает пропущенный интервал, а ± перед цифрой—нисходящее или восходящее задержание к интервалу.

**) То же сочетание может иметь и другое гармоническое значение при другой орфографии:  это—*вводный уменьшенный 7-аккорд без 5-ты и с повышенной терцией:* 159а. 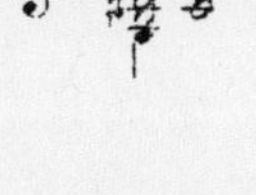. Об этом аккорде—речь впереди (См. VI § 18).

b) Аккорд 161. , на самом деле 161a. , есть, точно так же, *вводный уменьшенный 7-аккорд к IV-ой ст., без квинты и с нисходящим задержанием терции*:

162. 

Он может эллиптически переходить в Z перед разрешением в доминанту:

163. 

c) Наконец, в такое же случайное сочетание часто превращается минорное трезвучие III♭-ой ст.  , и в этом значении является, $[D^2]^{+3}_{II\,(5)}$ другими словами исполняет функцию *субдоминанты главного строя*:

164. 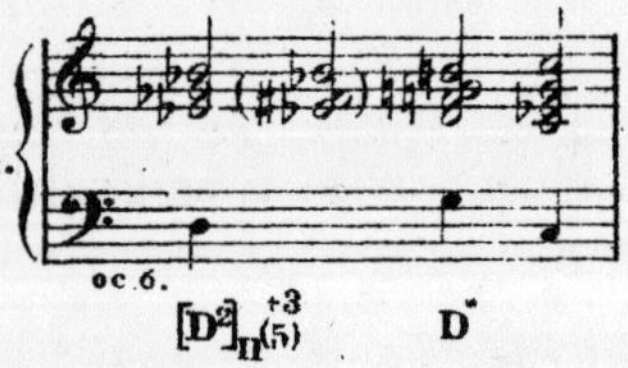

Правильная орфография его, конечно, не Ges, а Fis.

ГЛАВА VI.

Новые интервалы и аккорды хроматической системы.

1. До сих пор, в нашем исследовании хроматической системы, мы имели дело с интервалами, обнимающими не более 9 квинт, и, потому, встречались только с аккордами уже знакомыми нам из мажоро-минорной системы. Теперь перейдем к интервалам высшего порядка и посмотрим, какие образуются при этом новые аккорды.

2. *Десять квинт дают уменьшенную терцию* (увеличенную сексту). В хроматической системе их будет всего 7 (17—10=7). Уменьшенная терция создает богатую группу новых аккордов. Будем „прививать“ ее поочередно ко всем интервалам мажорного или минорного нонаккорда.

3. Уменьшенная терция может быть построена между *основным тоном и терцией нонаккорда*, только если *основная терция нонаккорда—минорная*, т. е. в аккордах типа S и Z, при чем повышается хроматически основной тон аккорда. Последнее, однако, нарушает очевидно основной бас аккорда и разрешение его по автентическому типу в доминанту становится невозможным: хроматическое повышение основного тона в S и Z осуществимо только при *разрешении плагального типа*, где II-ст. является диссонирующим тоном и разрешается в III-ью ст., создавая плагальную каденцию. При этом нона отпадает и мы имеем дело только с *7-аккордами* S и Z.

Итак уменьшенная терция между основным тоном и терцией S и Z дает нам два новых аккорда и при этом две новых формы плагальной каденции, S♯ и Z♯:

165. 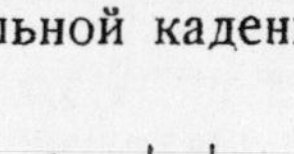
S♯

166. 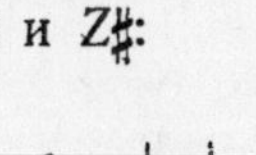
Z♯

Аккордов S♯ в нашей хроматической системе должно быть всего 7 по числу уменьшенных терций (См. § 2), для главного строя и шести подчиненных строев: II♭-ой, VI♭-ой, III♭-ей, VII♭-ой, IV-ой и V-ой ст.:

	II♭	VI♭	III♭	VII♭	IV	I	V
	VII♭	IV	I	V♮	II	VI	III
	V♭	II♭	VI♭	III♭	VII♭	IV	I
	III	VII	IV♯	I♯	V♯	II♯	VI♯
Строи:	Des	As	Es	B	F	C	G

В аккорде же Z♯ создается, вместе с уменьшенной терцией, еще интервал высшего порядка—дважды уменьшенная квинта; о нем будет речь впереди (см. § 16).

Чаще всего они встречаются в обращении $\frac{5}{6}$-аккорда, при чем уменьшенная терция превращается в увеличенную сексту.

167. 

$\frac{5}{6}$S♯ $\frac{5}{6}$Z♯

Аккорды $U^{1,2}$.

4. Уменьшенная терция может быть построена между *терцией и квинтой* нонаккорда только, если *в основе аккорда лежит мажорная терция*, т. е. в аккордах типа $D^{1,2}$, при чем *квинта основного трезвучия понижается* хроматически.

Это дает нам *семь* нонаккордов типа: $U^{1,2}$, доминантного характера—*большой и малый мажорный нонаккорд с пониженной квинтой.*

U¹	II	VI	III	VII	IV♯	I♯	V♯
U²	II♭	VI♭	III♭	VII♭	IV	I	V
	VII♭	IV	I	V	II	VI	III
	V♭	II♭	VI♭	III♭	VII♭	IV	I
	III	VII	IV♯	I♯	V♯	II♯	VI♯
U	I	V	II	VI	III	VII	IV♯
	F	C	G	D	A	E	H
	B	F	C	G	D	A	E

Верхний ряд букв указывает на те тональности, которые будут иметь в пределах нашей хроматической системы аккорды $U^{1,2}$ как *доминантную гармонию*: это, как видно,—*главный строй и все подчиненные мажоро-минорные строи, за исключением строя VII♭-ой ст.*

Построенный на II-ой ст., аккорд $U^{1,2}$ (будем обозначать его: $U^{1,2}_{II}$) служит „доминантой от доминанты", т. е. *субдоминантной гармонией главного строя.* Аккорд $U^{1,2}$ воспринимается естественнее в последнем его значении, потому вероятно, что построенный на II-ой ст. он содержит *ближайшие по квинтовому ряду* хроматические тоны IV♯, VI♭ и III♭, построенный же на V-ой ст.—*более отдаленные*: II♭ и VI♭. Нижний ряд букв указывает на те тональности, которые имеют в нашей системе аккорды $U^{1,2}$ с *субдоминантным значением*: это *главный строй и все подчиненные мажоро-минорные строи за исключением строя VII-ой ст.*

5. Ввиде нонаккорда, $U^{1,2}$ не встречается у классиков; в современной же музыке такой нонаккорд вполне возможен. При этом $U^{1,2}$ разрешается в t, или же предварительно в ${}^{4}_{6}$-акк. IV ст., (т. е. t^{+5}_{+3}); $U^{1,2}_{II}$ → в d, ${}^{4}_{6}$-акк. I-ой ст. (d^{+5}_{+3}) или же в D:

168. 

Скрябин Op. 36 „Poeme Satanique“

169. 

Классики применяли аккорд $U^{1,2}$ только в виде *отдельных 7-аккордов* и то за редкими исключениями, только в том обращении, где уменьшенная терция заменялась *увеличенной секстой*, так как уменьшенная терция считалась ими слишком резким диссонансом.

Разберем отдельно применение основных и верхних 7-аккордов группы.

6. *Основной 7-аккорд, U,* представляет собой новую, ранее не встречавшуюся звучность; второе обращение его, ${}^{3}_{4}U$, *энгармонично основному виду U, построенному на уменьшенную квинту выше:* U ∾ ${}^{3}_{4}$U *); (так же: ${}^{5}_{6}$U ∾ 2U):

170. 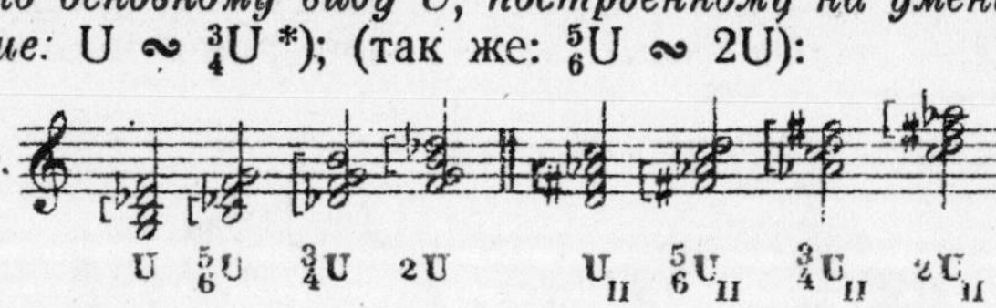

У классиков U встречается только ввиде ${}^{3}_{4}$U, именуемого *увеличенным ${}^{3}_{4}$-аккордом.*

Будем называть U—*доминантаккордом с пониженной квинтой*, а U_{II}—*мажорным субдоминантаккордом с пониженной квинтой*.

Разрешение U в тонику обычное; также U_{II}—в d:

171. 

U_{II}, как мажорный субдоминантаккорд, может разрешаться также непосредственно в D, при чем *IV*♯-ая ст. *понижается хроматически в септиму D—IV-ую ст.*:

172. 

Наконец $^{3}_{4}U_{II}$ может быть разрешен и в квартсекстаккорд I-ой ст.

173. 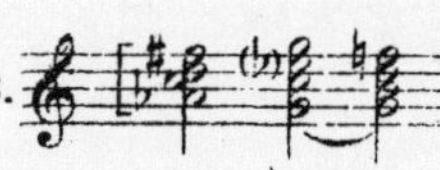

Вот примеры применения этого аккорда:

Вагнер „Тристан"

174. 

Ноты поставленные в скобки, здесь и во всех следующих примерах,— *неаккордовые*: это—задержания, иногда вспомогательные ноты.

Скрябин Op.36.

175. 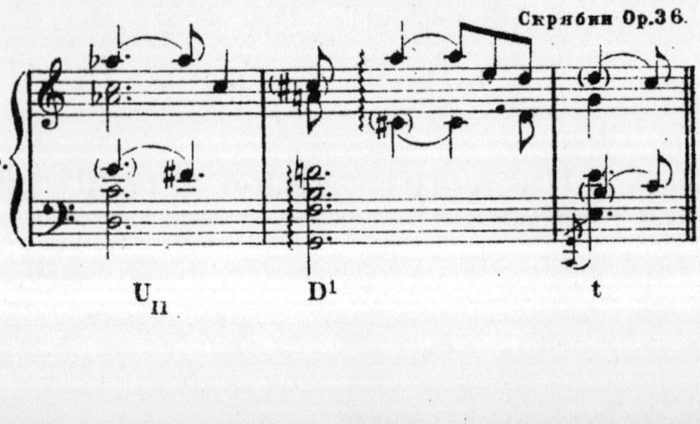

6a. В аккордах ${}^{3}_{4}U$ и ${}^{3}_{4}U_{II}$ часто *пропускается основной тон*: Это создает так называемый *увеличенный 6-аккорд*:

176. 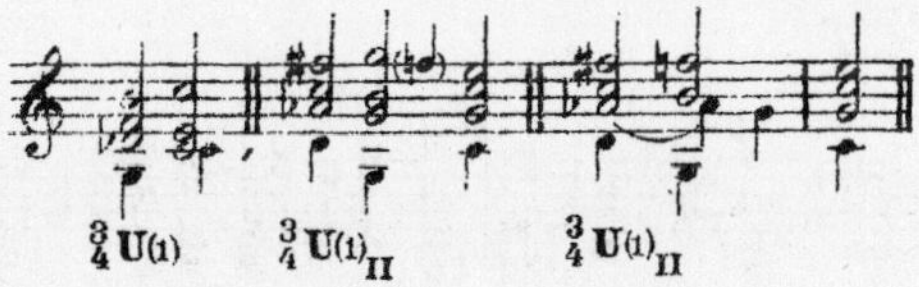

6b. Под условием разрешения аккордов ${}^{3}_{4}U$ и ${}^{3}_{4}U_{II}$ в ${}^{4}_{6}$-аккорд IV-ой и I-ой ст., в них может быть *пропущена и септима*; это создает *увеличенный* ${}^{4}_{6}$*-аккорд*:

177. 

7. *Верхний 7-аккорд, [U²]*:

178. 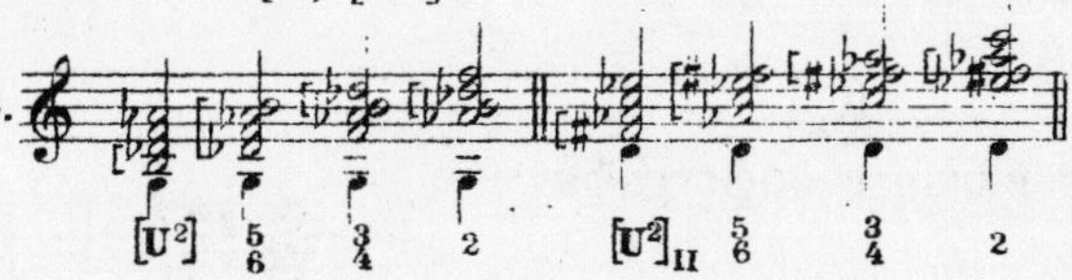

У классиков он встречается только в виде ${}^{5}_{6}$-аккорда; ${}^{5}_{6}[U^2]$ обычно называется *увеличенным* ${}^{5}_{6}$*-аккордом.*

У Баха есть, впрочем, примеры употребления его и в основном виде:

Бах, Hmoll'ная месса (Crucifixus)

179. 

Будем называть $[U^2]$—*уменьшенным 7-аккордом с пониженной терцией*, а $[U^2]_{II}$—*уменьшенным (вводным) к доминанте с пониженной терцией.*

В современной музыке ${}^{5}_{6}[U^2]$ встречается также несомненно чаще основного вида и других обращений аккорда; его энгармонизм с D (${}^{5}_{6}[U^2] \sim D$) делает из него, как увидим дальше (см. Гл. о модуляциях) богатое средство к модуляции. При разрешении его создаются параллельные квинты, вполне допустимые (Моцартовы квинты); можно их избегнуть, впрочем, разрешая ${}^{5}_{6}[U^2]$ предварительно в ${}^{3}_{4}U$. Наконец можно разрешить ${}^{5}_{6}[U^2]_{II}$- и в ${}^{4}_{6}$-аккорд I-ой ст. или непосредственно в D (лучше в $[D^2]$):

180. 

Возможно и разрешение $[U^2]_{II}$ в ${}^{4}_{6}$-*акк. I-ой ст. мажора*; это обычный *переход минора в мажор*; часто встречаемая орфография II♯ вместо III♭ *безусловно неправильна*, т. к. II-ая ст. как основной бас группы никаким образом не может хроматически повышаться при автентическом разрешении в доминанту:

181. 

Неправильная орфография:

182. 

Вот примеры применения этого аккорда:

183. 

184. 

В последнем примере, как видно, $[U^2]$ переходит перед разрешением предварительно в другую форму доминанты, D. Такие замещения одной формы доминантной гармонии—другой, так же, одной формы субдоминанты—другой, встречаются часто.

8. *Верхний 7-аккорд, $[U^1]$,* с увеличенной квинтой между терцией и септимой, принадлежит исключительно *мажорному ладу:*

185. 

Будем называть $[U^1]$: *вводным 7-аккордом с пониженной терцией*, а $[U^1]_{II}$—*вводным к доминанте с пониженной терцией.*

Этот аккорд почти не встречается у классиков; в нашей же музыке—чаще всего ввиде $^5_6[U^1]$. При разрешении его в трезвучие создается неприятный параллелизм, в избежание коего лучше разрешить аккорд предварительно в $^4_6$-аккорд, $^5_6[U^1]_{II}$—также эллиптически в $[D^2]$, при чем IV♯-ая ст. понижается хроматически в IV-ую ст.

186. 

187. 

Аккорды J¹.

9. *Уменьшенная терция может быть построена между квинтой и септимой нонаккорда,* очевидно, только если основ-

ная терция его *мажорная* т. е. в аккорде D¹ *). Так как септимы в D¹ понижать хроматически нельзя, для получения уменьшенной терции приходится повышать хроматически квинту его. Это создает *семь* нонаккордов нового типа, которые будем называть J¹,—*большой мажорный нонаккорд с повышенной квинтой*.

		VII♭	IV	I	V	II	VI	III
		V♭	II♭	VI♭	III♭	VII♭	IV	I
		III	VII	IV♯	II♯	V♯	II♯	VI♯
		I	V	II	VI	III	VII	IV♯
		VI♭	III♭	VII♭	IV	I	V	II
[J¹] J¹	J	Des	As	Es	B	F	C	G
			Des	As	Es	B	F	C

Это доминанта с интенсивно мажорной окраской, возможная только в *мажорном ладу*. Верхние буквы указывают на тональности, которые имеют такой аккорд в пределах нашей хроматической системы, как доминантную гармонию; это, как видно, *главный строй и шесть подчиненных строев, из коих—три мажорных* на II♭-ой, VI♭-ой и III♭-ей ст.; последние лишены аккордов U¹,² но, как видно, могут иметь в пределах нашей системы аккорд J¹. Построенный на II-ой ст. аккорд J¹, как „доминанта от доминанты“ будет *субдоминантной гармонией* главного строя; такой же аккорд J¹ с субдоминантным значением имеют подчиненные строи, указанные в нижнем ряде букв. Аккорд—J^{I}_{II} может разрешаться в d, D и даже в J¹; разрешение его приводит к неизбежному *удвоению вводного тона* в доминанте.

10. Аккорд J¹ может быть применен ввиде полного *нонаккорда.*

188. 

Вагнер „Золото Рейна“

189. 

*) О повышении квинты в D² мы пока умалчиваем, так как при этом создается *интервал высшего порядка*, о котором речь будет дальше.

Примечание. Этот пример приведен не совсем основательно: хотя здесь и образуется аккорд J^1 в пяти верхних голосах, 1-я ст. в басу указывает нам на то, что мы имеем дело не с доминантной гармонией, а с *тоническим трезвучием с задержанием* в четырех голосах.

11. *Основной 7-аккорд, J,* разрешается следующим образом:

190. 

Скрябин Op. 32 „Poëme" №2.

191. 

Аккорд J будем называть: *доминантаккордом с повышенной квинтой*, а J_{II} — *мажорным субдоминантаккордом с повышенной квинтой.*

12. *Верхний 7-аккорд, [J^1],* разрешается, следующим образом:

192. 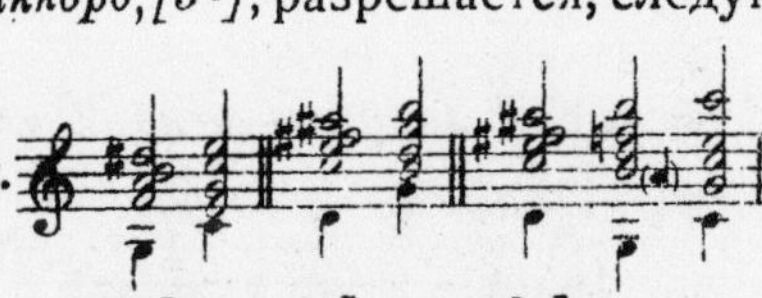

Скрябин Op. 36

193. 

Примечание. В этом примере, при (*) вместо *his* следует, конечно, *c*.
Тоническая гармония $^{3}_{4}[J^1]_1$ переходит здесь в *доминантную* $[J^1]$ *эллиптически*—с пропуском разрешения в субдоминанту: трезвучие IV-ой ст., B. (Сравни гл. V § 17b).

Аккорд $[J^1]$ будем называть ***вводным с повышенной терцией***, а $[J^1]_{II}$—***вводным к доминанте с повышенной терцией.***

12a. Аккорд $^{5}_{6}[J^1]$ с *пропуском основного тона* создает *увеличенный секстаккорд*:

193ª. 

Тот же аккорд в значении $^{5}_{6}U_{(1)}$ (см. § 6a) принадлежит строю E и разрешается так:

193ᵇ. 

13. Между аккордами U^1 и J^1 существует следующее соотношение:

a) $U = [J^1]$ от строя на *большую терцию ниже*:

194. 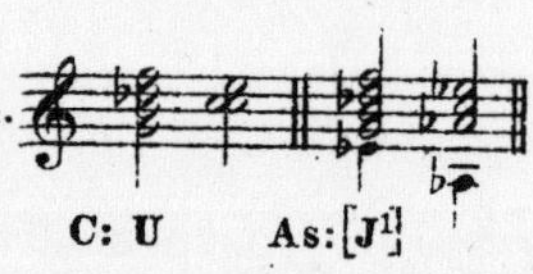

b) $[U^1] \backsim 2J$ от строя на *уменьшенную квинту выше*:

195. 

Это соотношение легко запомнить так: $\frac{[U^1]}{U} \approx \frac{[J^1]}{J}$

Так же как U, равный ему по звучности $[J^1]$ энгармоничен $^{3}_{4}[J^1]$ от строя на *уменьшенную квинту выше.*

196. 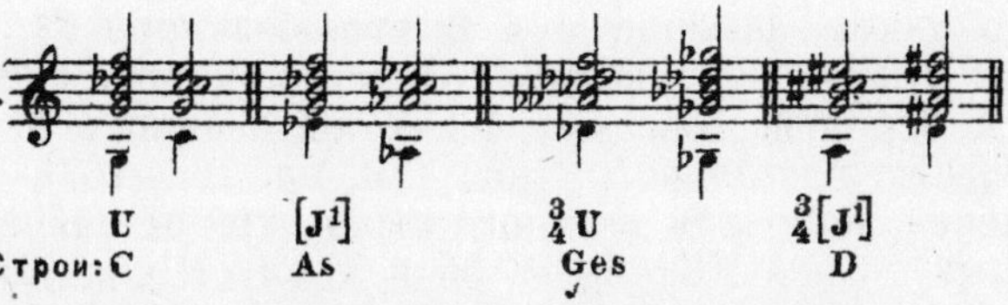

Как видно тоники этих строев образуют вместе такую же точно звучность: D—Ges—As—C.

Это соотношение служит средством к модуляции, как увидим дальше.

14. *Уменьшенная терция может быть построена между септимой и ноной* малого нонаккорда, *при хроматическом повышении септимы* его. Однако при таком повышении, септима уже не может разрешаться в терцию трезвучия: мы будем иметь дело уже не с нонаккордом, а с *трезвучием с двойным задержанием октавы.*

197. 

Это не правильный аккорд, а „случайное сочетание"; при разрешении такого случайного сочетания, функция гармонии, а стало быть, и основной бас ее не меняется. Подробнее об этом случайном сочтании в Гл. о побочных тонах.

Ультрахроматические интервалы и аккорды.

15. Подымаясь выше по ряду квинт, мы видим, что:

a) *Одинадцать квинт дают увеличенную терцию (уменьшенную сексту)*, энгармоничную чистой кварте (чистой квинте) и неприменимую в построении аккордов, хотя возможную в случайных сочетаниях.

b) *Двенадцать квинт дают энгармонический унисон*, невозможный в построении аккордов.

c) *С тринадцатой квинты* мы вступаем в область ультрахроматизма, дважды увеличенных и дважды уменьшенных интервалов. Тринадцать квинт дают *дважды уменьшенную квинту* (дважды увеличенную кварту).

Так как дважды уменьшенных квинт будет всего *четыре* в нашей хроматической системе (17—13=4), столько же положений в системе будут занимать и аккорды, содержащие этот интервал.

16. *Дважды уменьшенная квинта может быть построена между основным тоном и квинтой 7-аккорда.* Мы уже упоми-

нали о таком аккорде в § 3; это—7-аккорд Z♯, в котором дважды уменьшенная квинта создается одновременно с уменьшенной терцией. Как уже известно, 7-аккорд этот требует разрешения плагального типа (см. пр. 166, 167); его четыре положения, одно для главного строя, три остальных для подчиненных строев VII♭-ой, IV-ой и V-ой ст. следующие:

	VII♭	IV	I	V
	V♭	II♭	VI♭	III♭
	III♭	VII♭	IV	I
Z♯	I♯	V♯	II♯	VI♯
Строи:	B	F	C	G

Между терцией и септимой 7-аккорда, дважды уменьшенная квинта не может быть построена, так как хроматическое понижение септимы невозможно.

17. *Дважды уменьшенная квинта может быть построена между квинтой и ноной 9-аккорда* D², путем хроматического повышения его квинты. Подобно уже знакомому нам акорду J¹, назовем эту форму интенсивной доминантной гармонии J². Таких 9-аккордов будет всего четыре, один для главного строя, три других для подчиненных строев:

	V♭	II♭	VI♭	III♭
	III♭	VII♭	IV	I
	I♯	V♯	II♯	VI♯
	VI	III	VII	IV♯
	IV	I	V	II
[J²] J² J	B	F	C	D
		B	F	C

Свойства и разрешения J² совершенно такие же, как и для J¹. Так же как и там, может быть применен весь нонаккорд, или отдельно его основной и верхний 7-аккорды. Построенный на II-ой ст., он служит *субдоминантной гармонией* для главного строя. Кроме главного строя этот аккорд будут иметь в пределах системы подчиненные строи: VII♭-ой, IV-ой и V-ой ст., первые два, в доминантном и субдоминантном значении, последний—только как доминанту.

198.

Аккорд $[J^2] \sim {}^{3}_{4}[D^1]$ от строя на *уменьшенную квинту выше*:

199. 

О применении его, как средства к модуляции, см. дальше Гл. о модуляциях.

18. Аккорд $[J^2]$ *без квинты* энгармоничен минорному трезвучию VI♭-ой ст.

200. 

(Сравни дальше Гл. о модуляциях).

19. *Четырнадцать квинт дают дважды увеличенный унисон.*

В последнее время в нашей музыке появился аккорд, содержащий *дважды увеличенный унисон*. Это — аккорды D, D^1 и D^2, в которых квинта *одновременно повышена и понижена хроматически, что создает как бы сочетание U с J.*

201. 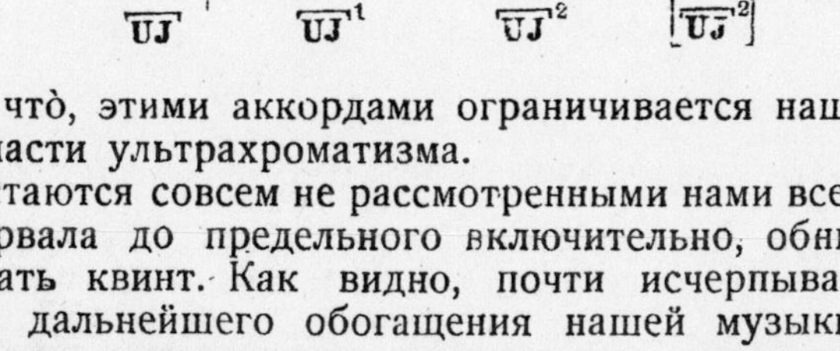

Пока что, этими аккордами ограничивается наше достояние в области ультрахроматизма.

20. Остаются совсем не рассмотренными нами всего только два интервала до предельного включительно, обнимающего шестнадцать квинт. Как видно, почти исчерпывается возможность дальнейшего обогащения нашей музыки новыми хроматически измененными *правильными* аккордами. За то, перед нами открывается другой источник обогащения нашей гармонии: это—область „случайных сочетаний", т. е. *гармоний, образуемых задержаниями*, при разрешении которых *функция аккорда* (*его основной бас*) *не меняется*.

Г. КАТУАР

Проф. Моск. Госуд. Консерватории

ТЕОРЕТИЧЕСКИЙ КУРС

ГАРМОНИИ

Рекомендуется Творческим Отделом Моск. Консерв. как пособие при прохождении курса Специальной гармонии.

Часть II-ая.

ГОСУДАРСТВЕННОЕ ИЗДАТЕЛЬСТВО
МУЗЫКАЛЬНЫЙ СЕКТОР
МОСКВА
1925

ГЛАВА I.

О секвенциях.

1. Секвенцией мы называем последовательность, состоящую из восходящего или нисходящего повторения через определенный интервал одного и того же музыкального мотива.

Мотив может повторяться в секвенции вверх или вниз через секунду, терцию, кварту и т. д., однако секвенции на секунду вверх или вниз встречаются чаще других; в дальнейшем будет речь только о таких секвенциях.

Мотивы секвенции могут быть очень разнообразны по своему построению. В простейшем же своем виде они сводятся к сочетанию доминанты с тоникой, взятых в той или иной форме, в частном случае к одной из форм полной каденции.

Секвенции могут быть *диатонические* и *модулирующие*. Займемся каждой из этих двух форм секвенций отдельно.

Диатонические секвенции.

2. Диатоническими называются секвенции, составленные исключительно из тонов диатонической гаммы. Мы уже встречались с ними в ч. I гл. II § 18.

Мотивом диатонической секвенции, в простейшей его форме, могут служить следующие виды сочетаний доминанты с тоникой:

$$d+t,\ D+t,\ [D^1]+t,\ D^1+t\ ^{*)}$$
$$d+[T^1],\ D+[T^1],\ [D^1]+[[T^1]],\ D^1+[T^1]^{*)}$$

Строго говоря, таково значение аккордов мотива только для *первого звена* диатонической секвенции; на других ступенях диатонической гаммы мотив, очевидно, не может уже повторяться с полной точностью и с *каждым звеном функциональное значение аккордов меняется*. По мнению большинства теоретиков, в диатонической секвенции аккорды, составляющие ее, за исключением первого и последнего звена, лишены функционального значения, и являются как бы мелодического характера *отражением* по ступеням гаммы данного

---

*) В секвенциях, содержащих D^1 создаются „случайные“ 9-аккорды III-ей и VII-ой ст., не входящие в наши группы правильных аккордов.

мотива. В ч. I гл. II, § 18, мы пришли, однако, к иному выводу: мы видели, что *в диатонической секвенции аккорды переходят правильно из одной функциональной группы в другую в прямом направлении.*

3. Диатонические секвенции могут быть нисходящие и и восходящие.

a) *Нисходящие секвенции.*

Если аккорды мотива взяты в основном положении, основной тон их делает в басу поочередно скачек на кварту и на квинту: такие секвенции называются поэтому *квартово-квинтовыми.* С IV-ой на VII-ую ст. бас делает скачек на *уменьшенную квинту,* (или увеличенную кварту), причем трезвучие VII-ой ст. может быть взято в основном положении:

1. 

Так же строятся нисходящие секвенции и на других мотивах:

1a. 

Если же аккорды мотива взяты в обращениях, а также если мотивом служит [D¹] + t или [D¹] + [[T¹]], ход баса будет, конечно, иной:

2. 

В секвенциях из 7-аккордов движение всех голосов прямое (или косое) и плавное.

b) *Восходящие секвенции.*

Если аккорды мотива взяты в основном положении, основной тон их делает поочередно скачки на кварту и на терцию; такие секвенции называются *квартово-терцовыми.* С IV-ой на VII-ую ст. бас делает скачек на *увеличенную кварту* (или уменьшенную квинту):

3. 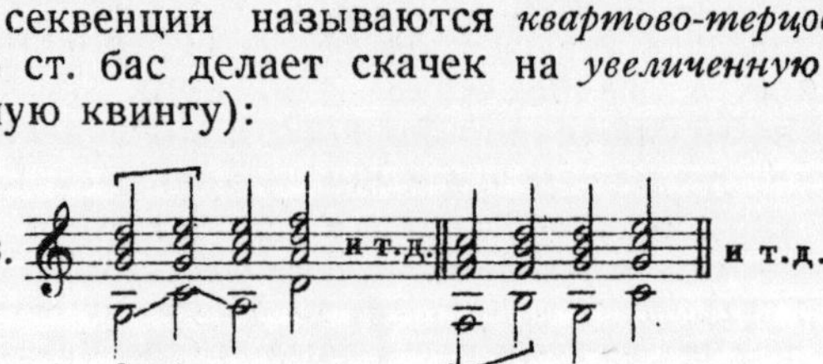

Так же строятся восходящие секвенции с мотивами $D+t$, D^1+t, $[D^1]+t$. Если аккорды мотива взяты в обращениях, ход баса будет иной.

Построение восходящих секвенций из двух 7-аккордов менее удобно: септима либо разрешается неправильно вверх при переходе одного звена в другое, либо берется неприготовленной во втором аккорде мотива:

3ª. 

Здесь движение голосов уже не может быть плавным, как в нисходящих секвенциях.

3а) Нисходящие диатонические секвенции квартово-терцовые и восходящие—квинтово-квартовые могли бы быть построены только на мотиве плагальной каденции: $s+t$:

4. 

Но, как уже известно из Ч. I Гл. II § 18а, плагальная каденция—переход из группы в группу *в обратном направлении*: построение диатонической секвенции с таким мотивом невозможно.

Модулирующие секвенции.

4. Принцип построения модулирующих секвенций—иной. В них мотив повторяется *в точности* на секунду вниз или вверх, каждый раз *с отклонением в новый строй* тоном *ниже* или *выше*. При этом *функциональное значение аккордов мотива не меняется*.

Мотивом могут служит следующие гармонические сочетания:

1) $d+t$, $D+t$, $D^{1,2}+t$, $[D^{1,2}]+t$

2) $D+D$, $D+D^{1,2}$, $D^{1,2}+D$, $D^{1,2}+D^{1,2}$, $[D^{1,2}]+D$, $[D^{1,2}]+[D^{1,2}]$

Нисходящие модулирующие секвенции.

Нисходящие модулирующие секвенции—квартово-квинтовые: *основной бас* аккордов мотива (подразумеваемый, если аккорды взяты в обращениях) делает поочередно скачек на кварту и квинту.

При мотивах типа I) мы переходим с каждым звеном секвенции в строй *большой секундой* ниже, при чем t принимается каждый раз за *мажорную субдоминанту* (II маж.) *нового строя:*

5.

d + t d + t d + t D + t D + t D + t
I=II маж. I=II маж. I=II маж. I=II маж. I=II маж. I=II маж.
Строи: C B As Ges C B As Ges

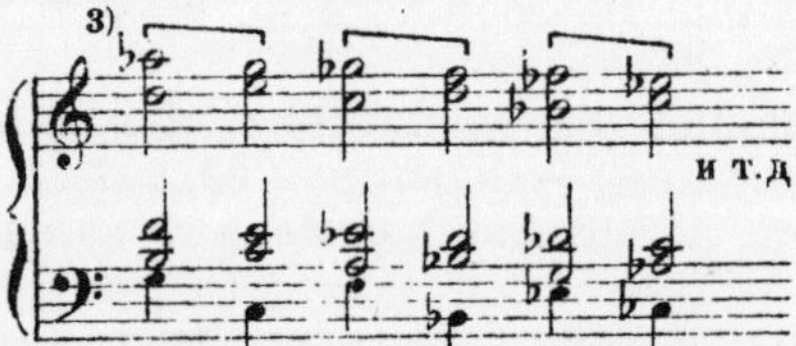

[D²] + t [D²] + t [D²] + t
I=II маж. I=II маж. I=II маж.
Строи: C B As Ges

При мотивах типа 2), D переходит каждый раз эллиптически (с пропуском трезвучия I=II маж. нового строя) в D_{II} (мажорный субдоминантаккорд) строя большой секундой ниже:

6.
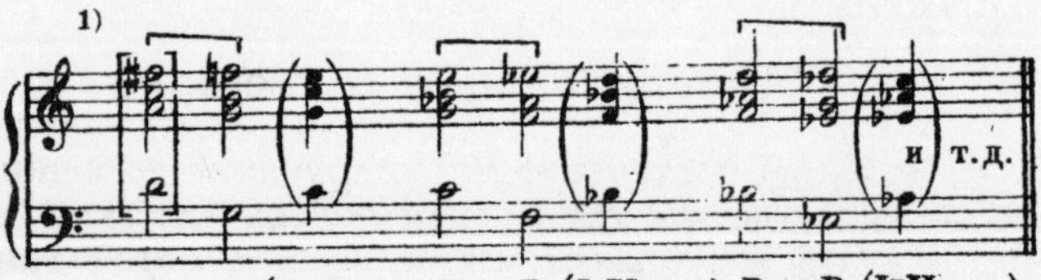

D_{II} + D (I=II маж.), D_{II} + D (I=II маж.), D_{II} + D (I=II маж.)
Строи: C B As Ges

$[D^2]_{II}$ + [D²] (I=II маж.) $[D^2]_{II}$ + [D²] (I=II маж.) $[D^2]_{II}$ + [D²] (I=II маж.)
Строи: C B As Ges

Без основного баса, 7-аккорд всегда чередуется с $\frac{3}{4}$-аккордом, а $\frac{5}{6}$-аккорд с 2-аккордом.

7. 

В нисходящих модулирующих секвенциях мы возвращаемся к первоначальному строю (вернее к его энгармонической замене), проходя через *шесть строев*, составляющих так называемую *целотонную гамму:* C, B, As, Ges∾Fis, E, D, C.

Движение трех верхних голосов всегда *прямое* (косое), *плавное*.

Примечание: Нисходящие модулирующие секвенции могут быть также и *квартово-терцовые*. Последние основаны на мотиве *плагальной каденции*: s+t; *септаккорды в них невозможны* и потому они представляют для нас меньше интереса, чем квартово-квинтовые нисходящие секвенции.

8. 

В дальнейшем будем строить нисходящие секвенции только квартово-квинтовые.

Восходящие модулирующие секвенции.

5. Восходящие модулирующие секвенции могут быть только квартово-терцовые.

При мотивах типа 1) мы переходим с каждым звеном секвенции в строй большой секундой выше, при чем t принимается каждый раз за трезвучие VII♭ нового строя:

9. 

При мотивах типа 2) D переходит каждый раз эллиптически (с пропуском трезвучия I=VII♭ нового строя) в 7VII♭ нового строя (в функции субдоминанты):

*) Здесь D—строй *ре мажор*.

10.

Построение восходящих секвенций из 7-аккордов менее удобно, чем построение секвенций нисходящих; прямое, плавное движение верхних голосов в восходящих секвенциях из 7-аккордов невозможно.

Мы возвращаемся к главному строю, вернее к его энгармонической замене, переходя через *шесть строев*, составляющих целотонную гамму: C, D, E, Fis∾Ges, As, B, C,

6. Модулирующие секвенции, как нисходящие так и восходящие, могут быть построены также из мотивов, содержащих аккорды из групп $J^{1,2}$ $U^{1,2}$; мотивы могут быть как типа 1), так и типа 2). Напр:

Тип 1) 11.
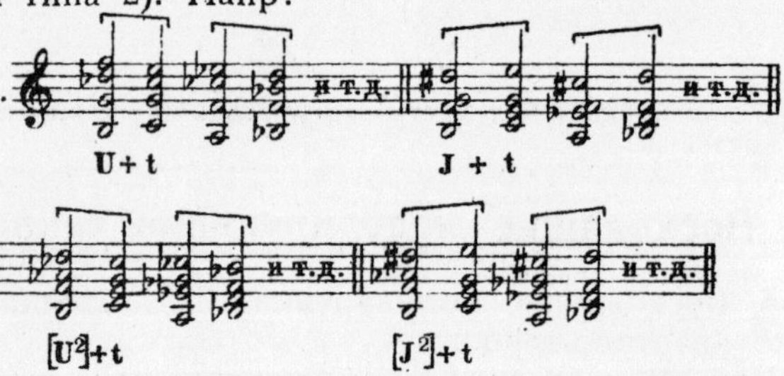

Тип 2) 11ª.
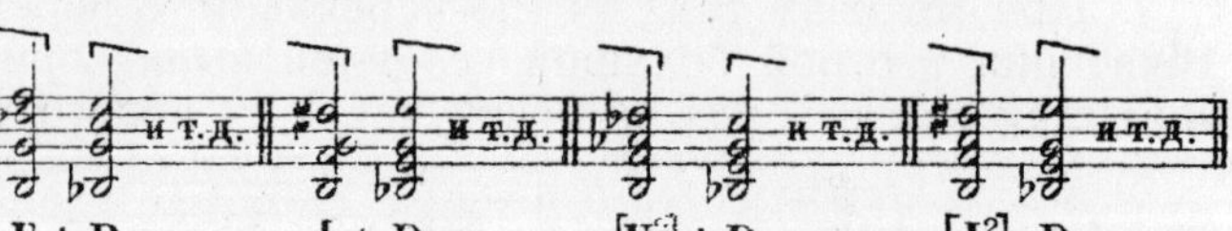

Из этих мотивов можно построить и восходящие модулирующие секвенции.

Средитональные модулирующие секвенции.

7. Из примеров 5, 6 и 9 мы видим, что модулирующие секвенции, построенные с основным басом, идущим по чистым квартам и чистым квинтам, также по чистым квартам и малым терциям, доходя до строя Ges или Fis, *выходят из пределов хроматической системы* начального строя.

Гораздо большее значение в нашей музыке имеют *модулирующие секвенции, придерживающиеся хроматической системы данного господствующего строя*: в таких секвенциях допустимы, очевидно, только отклонения в строи *подчиненные главному строю;* они поэтому могут быть названы *средитональными модулирующими секвенциями.*

В нашей музыке как *средитональные отклонения*, так сталобыть, и *средитональные модулирующие секвенции* являются настолько преобладающими, что надо удивляться, что о последних не говорится ни слова в наших учебниках гармонии.

Неполную средитональную секвенцию мы уже встретили в мажоро-минорной системе (ч. I гл. IV § 5). В ней не доставало отклонения в строи II-ой и V-ой ст.

8. В средитональной модулирующей секвенции в пределах октавы мы касаемся всего *семи строев.*

В хроматической системе, как известно, в нашем распоряжении всего десять подчиненных тоник:

II♭, VI♭, III♭, VII♭, IV, V, II, VI, III, VII,

что составляет вместе с главным строем всего *одинадцать строев.*

Из них создаются *пять* рядов разных ладов:

Ионийский	—	I II III IV V VI VII
Миксолидийский	-	I II III IV V VI VII♭
Дорийский	—	I II III♭ IV V VI VII♭
Эолийский	—	I II III♭ IV V VI♭ VII♭
и Фригийский	—	I II♭ III♭ IV V VI♭ VII♭

Неизменными остаются только три главных ступени основного ряда.

Строя средитональные модулирующие секвенции с отклонением в подчиненные строи, составляющие вместе с главным, каждый раз, один из указанных рядов, получим всегда в одном из голосов *гармонизацию одного из шести типов хроматических гамм* (Ч. I Гл. V § 2).

Будем условно называть такие секвенции: *секвенция Ионийского лада* и т. д.

Гармонизацию хроматической гаммы:

типа	1	дает:	—		восх. сек.	Ионийс.	лада
„	2	„	нисх. сек. Ионийс.	лада и	„ „	Миксол.	„
„	3	„	„ „ Миксол.	„ „	„ „	Дорийс.	„
„	4	„	„ „ Дорийс.	„ „	„ „	Эолийс.	„
„	5	„	„ „ Эолийс.	„ „	„ „	Фригийс.	„
	6	„	„ „ Фригийс.	„ „	„ „	—	„

Как видно, не поддаются гармонизации только *нисходящая хроматическая гамма первого типа и восходящая—шестого типа*:

Восходящие секвенции

Нисходящие секвенции

В восходящих средитональных модулирующих секвенциях, как видно, основной бас делает всегда в двух местах, отмеченных знаком, скачки на *большую терцию* (I-ая ст. принимается за VII-ю ст. нового строя); в нисходящих же— скачки на *увеличенную кварту или уменьшенную квинту* (I-ая ст. принимается за II♭ ст. нового строя). При этом в хроматической гамме каждый раз повторяется один и тот же тон.

Из всех этих пяти типов секвенций *минорному главному строю* доступны только *последние два: Эолийский и Фригийский*, так как в миноре отсутствуют, как известно, подчиненные тоники VI-ой, III-ей и VII-ой ст. (См. Ч. I Гл. V §§ 7, 12).

Мотивы, содержащие D^2 или [D^2], возможны только в *секвенциях Ионийского и Миксолидийского лада*, так как остальные три лада содержат подчиненные строи II♭, VI♭ и III♭, *исключительно мажорные* и не имеющие, стало-быть, в пределах нашей хроматической системы указанных аккордов, свойственных мажоро-минорной системе.

9. Как уже сказано, модулирующие секвенции могут быть построены и на мотивах, содержащих аккорды из групп $U^{1,2}$ и $J^{1,2}$. Но, аккорды $U^{1,2}$ имеются в пределах хроматической системы только в *7-ми* строях: IV-ой, [I]-ой, V-ой, II-ой, VI-ой, III-ой и VII-ой ст. и потому *средитональные* секвенции, содержащие эти аккорды, возможны только *в одном Ионийском ладе*, Так же, аккорды J^1 имеются только в *7-ми* строях: II♭-ой, VI♭-ой, III♭-ой, VII♭-ой, IV-ой, [I]-ой и V-ой ст., и потому *средитональные* секвенции, содержащие этот аккорд, возможны только в одном *Фригийском ладе*. (См. Ч. I Гл. VI §§ 4, 9).

Полную средитональную модулирующую секвенцию из мотивов, содержащих аккорд J^2, совсем нельзя построить, так как аккорд J^2 имеется в пределах хроматической системы только в 4-х строях, главном и 3 подчиненных (См. Ч. I., Гл. VI § 15).

10. Как мы видели, построение нисходящих модулирующих секвенций из мотивов типа 2) удобнее восходящих, благодаря прямому, плавному движению голосов. Из них особенно интересны секвенции, дающие *нисходящую хроматическую гамму* разных типов *во всех четырех голосах*. Все они основаны на *энгармоническом равенстве* аккордов:

а) [D^2] ∾ обращениям [D^2]. Мотив: $[D^2]_{II}$ + [D^2]:

Ионийский лад: 13.

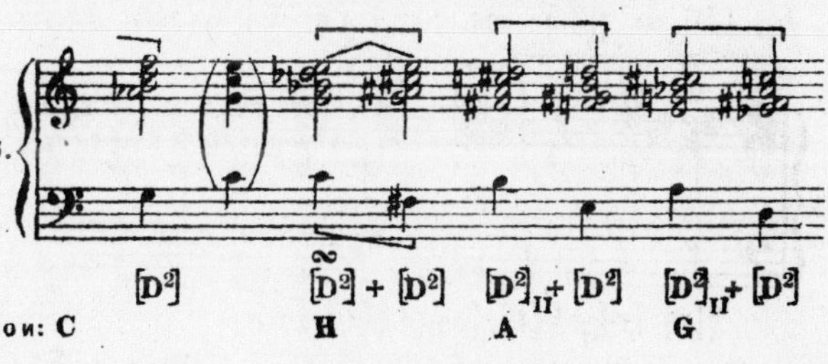

В двух местах, отмеченных знаком, вместо $[D^2]_{II}+[D^2]$, мы видим *энгармоническое повторение доминантной гармонии*, так как на II♭-ой ст. нельзя построить $[D^2]$ с субдоминантным значением.

Миксолидийский лад: 13а.

Здесь при переходе к 3-му звену происходит непосредственно *энгармоническая замена* $[D^2]$ аккордом $[D^2]_{II}$

Как сказано уже в конце § 9, в других трех ладах мы не можем построить секвенции из этого мотива, не выходя из пределов хроматической системы.

b) $U \sim \frac{3}{4}U$ (см. Ч. I гл. VI § 6). Мотив: $\frac{3}{4}U_{II}+U$:

14.

c) $[J^1] \sim \frac{3}{4}[J^1]$ (см. Ч. I гл. VI § 13). Мотив: $[J^1]_{II}+\frac{3}{4}[J^1]$:

15.

d) $[U^2] \sim 2D$. (см. Ч. I гл. VI § 7) Мотив: $2D_{II} + [U^2]$

16.

e) При мотивах, основанных на энгармоническом равенстве $J \sim {}^{5}_{6}[U^1]$ (см. Ч. I гл. VI § 13), секвенции не могут быть средитональными, на основании сказанного в § 9.

Мотив: ${}^{5}_{6}[U^1]_{II} + J$

17.

Трехголосно, мотив: ${}^{5}_{6}[U^1]^{(1)}_{II} + J^{(7)}$ дает секвенцию, представляющую собой нисходящий *хроматический ряд увеличенных трезвучий*:

17a.

f) Секвенции, основанные на энгармонизме: ${}^{3}_{4}[J^2] \sim [D^1]$ (См. Ч. I. Гл. VI § 15), выходят также из пределов господствующего строя:

18.
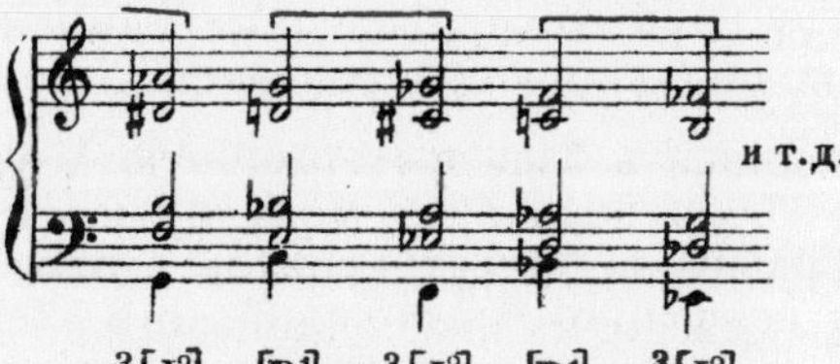

Все эти случаи хроматически нисходящих аккордов исследованы здесь подробно, чтобы показать, что они могут быть легко истолкованы как аккорды, имеющие *функциональное значение*. Обычно же их рассматривают, на ряду с подобными же восходящими последовательностями как простые случайные сочетания.

Органный пункт.

11. Понятие о средитональных модулирующих секвенциях дает нам возможность об'яснить построение органного пункта.

Как известно, органным пунктом называется выдержанная в басу (реже в верхнем голосе) доминанта или тоника главного строя, в то время как другие голоса образуют аккорды, часто лежащие в других тональностях. Так как выдержанный бас служит несомненным указанием постоянного *господства главного строя* в продолжение всего органного пункта, очевидно, что отклонения возможны в нем только средитональные, в *строи подчиненные главному строю:*

II♭ VI♭ III♭ VII♭ IV V II VI III VII

12. Отклонения в подчиненные строи подлежат, впрочем, следующим ограничиям:

Отклонения возможны:

a) В маж. или мин. строй VII-ой ст. только в ор. п. на *дом.*
b) В маж. строй III-ей ст. „ „ „ „ „ *тон.*
c) „ „ „ VI-ой ст. „ „ „ „ „ *дом.*
d) „ мин. „ V-ой ст. „ „ „ „ „ *тон.*

13 Образцами средитональных отклонений при органном пункте, могут служить приведенные нами в примере 12 средитональные модулирующие секвенции.

Присоединяя в басу выдержанную V-ую или I-ую ст. к пяти типам средитональных модулирующих секвенций § 8, получим образцы органных пунктов с отклонениями. Приводим из них секвенции Миксолидийского и Фригийского лада:

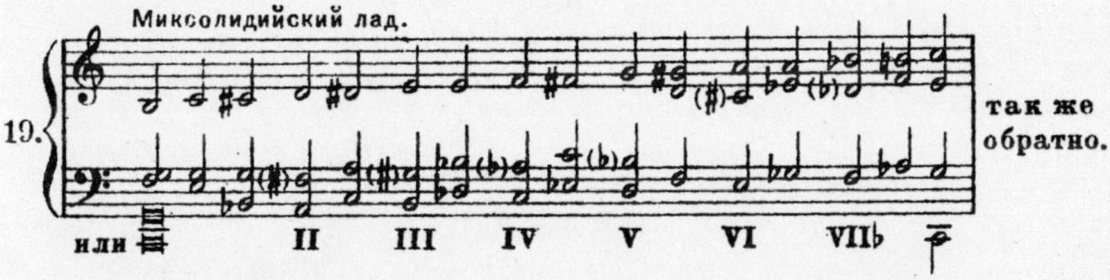

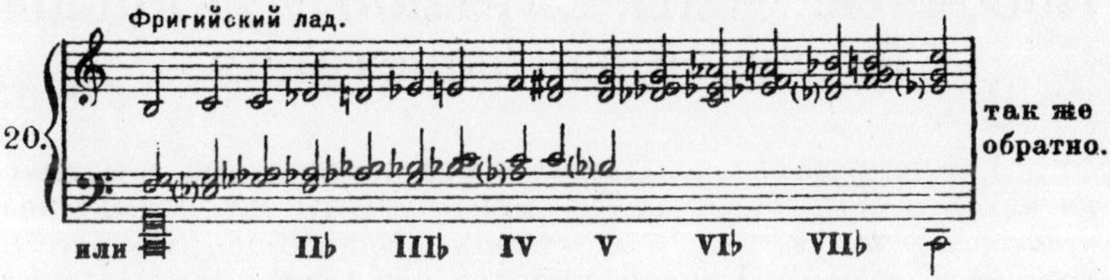

Играя эти органные пункты, мы должны помнить, конечно, ограничения указанные в § 12.

Такие же органные пункты можно построить и на секвенциях Ионийского, Дорийского и Эолийского лада. При минорном главном строе, как уже сказано выше, возможны. (§ 8), *только секвенции Эолийского и Фригийского лада.*

Из предыдущего видно, что отклонения при органном пункте могут быть гораздо разнообразнее, чем это показано в наших учебниках гармонии.

ГЛАВА II.

Побочные тоны. Случайные аккорды и случайные сочетания.

1. Кроме тонов, входящих в состав аккордов, в музыке на каждом шагу встречаются тоны чуждые аккордам, тоны *неаккордовые, случайные или побочные* (Nebentöne). Вопрос о побочных тонах исследован более или менее обстоятельно во всех наших учебниках гармонии; поэтому мы ограничимся здесь лишь некоторыми дополнительными сведениями, после чего перейдем к специально интересующему нас вопросу о случайиых гармонических сочетаниях, создающихся побочными тонами.

2. Побочный тон можно рассматривать по существу, как результат мелодического смещения смежного с ним аккордового тона, к которому он и тяготеет обратно; причем тяготение это на расстоянии полутона всегда интенсивнее, чем на расстоянии целого тона.

21.

Примечание: В случае нескольких проходящих нот подряд, правда, только последняя из них, за которой следует аккордовая нота, носит характер побочного тона, *тяготеющего к аккордовому тону*; предшествующие же ей проходящие ноты—просто тоны диатонически или хроматически заполняющие пространство между аккордовыми нотами.

21ª

3. Побочные тоны могут быть *диатонические* (если принадлежат диатонической системе данного строя) или *хроматические. Хроматический побочный тон образует всегда диатонический полутон с аккордовым тоном, к которому тяготеет*, как видно из пр. 21.

Хроматический побочный тон, ведущий вниз от октавы к септиме 7-аккорда, по существу тяготеет обратно к октаве, но вместо того, чтобы разрешиться в нее, *переходит* в септиму, образуя с ней хроматический полутон:

22. 

4. Побочные тоны могут быть либо только в одном голосе, либо одновременно в нескольких голосах. Они образуют ходы параллельными терциями или секстами (в три голоса—параллельными 6-аккордами, реже $^6_4$-аккордами) или же находятся в противоположном движении:

23. 

5. Побочные тоны разделяются на две большие группы:

a) Побочные тоны *при неизменном аккорде*, (чаще всего на слабых или относительно слабых частях такта).

b) Побочные тоны *в момент образования нового аккорда*, (чаще всего на сильном времени или относительно сильных частях такта).

6. К первой группе принадлежат *проходящие ноты, вспомогательные ноты и предъем*:

24. 

Как видно из пр. (*), в миноре, в нисходящем порядке от I ст., проходящей нотой служит всегда VII♭-ая ст.

Кроме приведенного обычного типа таких побочных тонов возможны следующие исключительные формы:

a) Вспомогательные ноты и пред'ем могут быть взяты *скачком* или *непосредственно* после паузы:

25. 

b) Из двух проходящих нот подряд, первая может быть *взята скачком* или *непосредственно после паузы*:

25ª 

c) Они могут быть *брошены без разрешения*. При этом они являются чаще всего аккордовыми нотами (в том числе септимой или ноной) следующего аккорда и в таком случае носят характер пред'ема:

26. 

Первый из этих случаев, брошенных побочных тонов, пр. (*), под названием „Cambiata“, допускался, как известно, в строгом письме.

d) Наконец, они могут быть *взяты скачком* и тут же брошены без разрешения:

27. 

e) Иногда нет смены гармонии при переходе от одного такта в другой; в таких случаях побочный тон, если приходится на сильном времени второго такта, сохраняет тем не менее характер проходящей или вспомогательной ноты, как бы распространенной на целый такт:

28. 

7. К второй группе принадлежат *задержания*. *)

a) Задержание чаще всего *приготовлено* нотой предшествующего аккорда:

29. 

Кроме этого обычного типа задержания, возможны следующие, часто встречающиеся случаи задержания *неприготовленного*:

b) задержание может быть введено поступенным ходом голоса; это—как бы проходящая или вспомогательная нота на сильном времени:

30. 

В 4-м примере ноты (*) и (**) звучат как пред'ем.

c) Задержание может быть *взято скачком* или *непосредственно после паузы*:

31. 

Неприготовленное задержание французские теоретики называют „апподжиатурой".

В последних трех примерах (*)—два побочных тона подряд, из которых первый на сильном времени—как бы *двойная апподжиатура*.

8. Кроме правильного разрешения задержания возможны следующие исключительные случаи разрешения:

a) Между задержанием и его разрешением может быть взята вспомогательная нота, другая аккордовая нота, или целая группа нот, иногда с повторением задержания:

---

*) Обыкновенно термин „задержание" понимается в учебниках в смысле *продолжения* (prolongation) ноты предшествующего аккорда в момент вступления нового. Мы же будем понимать его как *опоздание* (retard) вступления ноты нового аккорда, и в этом смысле считать в пр. 29 ноту *до задержанием терции си*, ноту *ре задержанием ноты ми*.

32. 

b) Задержание может быть *разрешено в другую аккордовую ноту скачком,* или *брошено без разрешения*; такая брошенная нота является большею частью аккордовым тоном новой гармонии (в том числе ее септимой):

33. 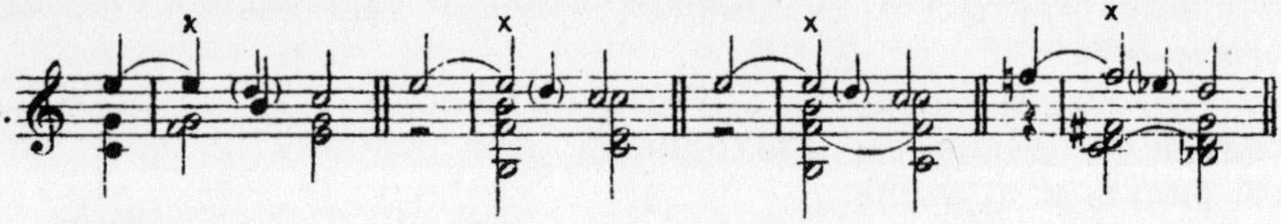

c) В момент разрешения задержания может быть взят новый аккорд; такое разрешение можно называть „эллиптическим“:

34. 

d) Задержание может оставаться в силе в момент образования нового аккорда:

35. 

e) Разрешение задержания может быть в свою очередь задержанием в новом аккорде:

36. 

f) Наконец, вместо разрешения, задержание может *переходить* хроматически в другую аккордовую ноту (большею частью, задержание снизу октавы—в септиму аккорда), иногда со сменой гармонии:

37. 

9. Принятое в учебниках гармонии школьное правило, допускающее присутствие в других голосах аккордового тона одновременно с его задержанием *только в басу*, если этот аккордовый тон—*основной тон или квинта* аккорда, подлежит на практике частым отступлениям; у классиков на каждом шагу встречаются такие примеры:

38. 

a) В пр. 1 присутствие терции в басу при задержании терции в верхнем голосе безусловно благозвучно:

b) К присутствию аккордового тона в *средних голосах*, менее всего чувствителен *основной тон* (пр. 3 вполне допустим, пр. 4 еще лучше); более всего — *терция*: последняя возможна только на растоянии большой ноны от задержания пр. 6; напротив, очень резко звучит на расстоянии малой ноны или большой септимы, пр. 5.

Во всяком случае, всегда несомненно благозвучнее одновременное задержание того же тона в среднем голосе.

9-а. Правило, установленное издавна практикой старых мастеров, менее строго: оно гласит, что *аккордовый тон может быть взят одновременно с его задержанием во всех голосах в других октавах, но непременно ниже задержания*.

Это правило нарушается, впрочем, Бахом довольно часто, когда задержание введено поступенным ходом голоса:

39. 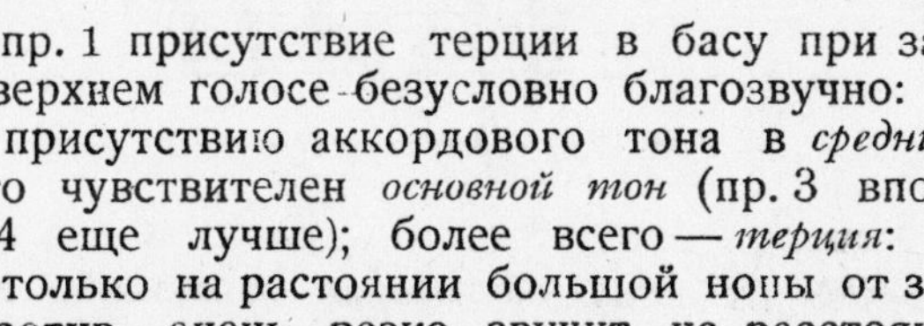

О гармонических сочетаниях, образуемых побочными тонами.

10. Побочные тоны, в соединении с аккордовыми тонами (в редких случаях без них), создают гармонические сочетания, отличительным признаком которых служит то, что они *никогда не определяют собой гармонической функции* данного момента; последняя определяется:

a) на слабых частях такта—*предшествующим правильным аккордом*:

40. 

b) на сильных частях такта—*следующим за ним правильным аккордом*:

41. 

В отличие от этих случайных гармоний, правильные аккорды, создающие гармоническую функцию, будем называть *функциональными аккордами*.

11. В разнообразных гармонических сочетаниях, образуемых побочными тонами, надо различать след. случаи:

A. Побочные тоны приводят, просто, к видоизменению, часто хроматическому, предшествующего правильного аккорда:

42. 

Во всех этих случаях, однако, надо признавать, что вспомогательными и проходящими нотами являются *не побочные тоны,* как мы их определили в § 1, а *аккордовые тоны.* Тоже мы увидим в статье о задержаниях § 16, с).

В. Побочные тоны создают гармоническое сочетание, *совпадающее по своему строению с правильным аккордом*; при этом, однако, функциональное значение, присущее последнему, как таковому, в данном случае не применимо и оставляется нами без внимания. Такое гармоническое сочетание будем называть *случайным аккордом.*

1) Если случайный аккорд лежит на слабых временах такта, между повторением в разных положениях (видоизменениях) одного и того же функц. аккорда, или между разными функ. аккордами, будем называть его *проходящим аккордом.*

43. 

Очевидно, что аккорд $[D^{2}]_{IV\sharp}$ по присущему ему функциональному значению не может считаться здесь правильным аккордом.

Примечание: Проходящие аккорды между повторением в разных положениях или видоизменениях одного и того же функц. аккорда принадлежат по присущему им функциональному значению большею частью *к смежной группе в обратном направлении*: между функц. аккордами *доминантной группы* образуется проходящий аккорд *субдоминантной группы* и т. д.:

43ª. 

Тут создаются между прочим *проходящие* $\frac{4}{6}$*-аккорды и 6-аккорды.*

2) Если случайный аккорд лежит между повторением в одном и том же положении функц. аккорда, будем называть его *вспомогательным аккордом:*

44. 

3) Иногда несколько проходящих аккордов следуют один за другим:

45. 

45ª. 

Таким рядом проходящих аккордов об'ясняется диатонический ряд 6-аккордов:

46. 

Бетховен Op. 81ª

47. 

Лишенный хроматических проходящих нот, этот пример сводится к ряду диатонических 6-аккордов:

47ª. 

Это—ряд проходящих аккордов, не нарушающих функции субдоминанты до вступления доминанты.

4) Случайные аккорды могут встретиться и на сильном времени; это—*проходящие или вспомогательные аккорды на сильном времени*, или *апподжиатура, простая, двойная или тройная:*

48. 

5). На относительно сильных временах возможно *задержание в момент образования проходящего аккорда*:

49.

C. Побочные тоны могут создавать гармонические сочетания, *энгармоничные правильным аккордам*. Это — так называемые *случайные сочетания:*

50.

D. Наконец, побочные тоны могут создавать диссонирующие *случайные сочетания*, ни по звучности, ни по строению своему не похожие на правильные аккорды:

51.

Случайные сочетания представляют собой неисчерпаемое поле разнообразнейших комбинаций, обогащающих нашу гармонию.

Постараемся теперь разобраться насколько возможно в случайных аккордах и случайных сочетаниях, создаваемых в разных случаях побочными тонами, чаще всего в сочетании с аккордовыми тонами.

Побочные тоны при неизменной гармонической функции.

12. Побочные тоны в *одном голосе* могут создавать: либо, а) проходящее или вспомогательное трезвучие *).

Мажорное, минорное, уменьшенное или увеличенное:

---

*) Всюду в дальнейшем будем для краткости говорить: „трезвучие", вместо „трезвучие *или его обращения*", „септаккорд", вместо „септаккорд *или его обращения*".

52. 

либо, b) правильный или проходящий септаккорд (при нисходящем движении основного тона трезвучия), правильный нонаккорд, наконец хроматическое видоизменение уже имеющегося правильного септаккорда:

52а. 

Из всех создающихся здесь аккордов только аккорд *) надо считать *проходящим*; все остальные—правильные аккорды.

13. Побочные тоны одновременно *в двух голосах* могут создавать:

либо, а) проходящее или вспомогательное трезвучие, или случайное сочетание ∾ трезвучию:

53. 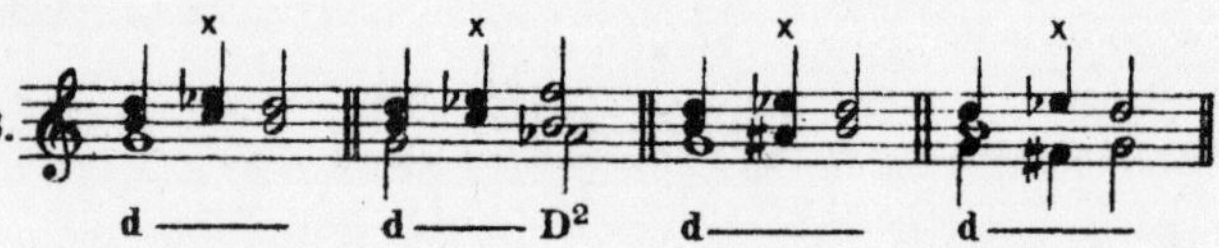

В двух последних случаях, вместо случайного сочетания, чаще пишут трезвучие:

53а. 

либо, b) проходящий или вспомогательный септаккорд:

54. 

либо, с) случайное сочетание ∾ септаккорду:

55. 

14. Побочные тоны одновременно *в 3-х или 4-х голосах* могут создавать:
либо, а) проходящие или вспомогательные трезвучия или септаккорды:

56.

либо, b) случайные сочетания ∾ правильным аккордам:

56а

Здесь:

Побочные тоны в момент образования нового функционального аккорда.

15. Побочные тоны этой группы, а именно *задержания* всех видов, попадающие на сильные или относительно сильные времена такта в момент вступления нового аккорда, особенно интересны, как создатели новых гармонических сочетаний.

Примечание. Хотя новый аккорд, в котором образуется задержание является в громадном большинстве случаев правильным *функциональным* аккордом, однако, как мы уже видели в пр. 49 и увидим еще дальше (пр. 59, 79), он может быть в исключительных случаях и *случайным аккордом.*

Разберем отдельно задержания нисходящие, восходящие и наконец смешанные в нескольких голосах, поочередно в трезвучии, 7-аккорде и 9-аккорде.

Нисходящие задержания.

16. *Нисходящие задержания в одном голосе:*
а) Нисходящее задержание *октавы основного тона в трезвучии* создает *случайное сочетание:*

57. 

Нисходящее задержание основного тона *без аккордового тона в басу* создает случайный неполный 7-аккорд:

58. 

Если применить такое задержание к нисходящему *ряду проходящих 6-аккордов*, (см. § 11, В 3), получим целый ряд неполных проходящих 7-аккордов:

59. 

Этот ряд можно обогатить, прибавляя четвертый голос в виде ряда *восходящих задержаний* к основному тону: при этом получается ряд полных проходящих 7-аккордов.

60. 

Украшая такой ряд проходящих 6-аккордов с двойным задержанием основного тона хроматическими проходящими в двух нижних голосах, в пределах хроматической гаммы 5-го типа, получим:

61. 

Если при этом проходящие ноты в теноре брать в пределах хроматической гаммы 1-го типа, получим:

62. 

Здесь два нижних голоса идут все время *большими терциями*, а на сильных временах образуются *проходящие мажорные 7-аккорды*, придающие своеобразную красоту этой последовательности. Предлагаемое об'яснение заимствовано из Гармонии Геварда § 207. Такой ряд аккордов встречается у Моцарта в начале фантазии C—moll. После IV-ой ст.в строе B (девятый такт) следует:

63.

Если первые два такта заменить следующими:

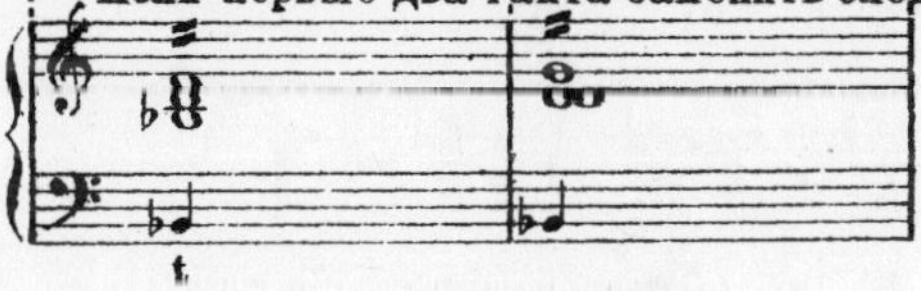

получим ряд, указанный в примере 62.

Нисходящим задержанием *октавы основного тона в 7-аккорде* служит нона (большая или малая):

64.

Хотя в этом случае создается 9-аккорд, вернее считать это сочетание 7-аккордом, с задержанием октавы, правильным же 9-аккордом—только при полном разрешении его в тоническое трезвучие:

64ª.

b) Нисходящее задержание *терции в трезвучии* дает *случайное сочетание:*

65.
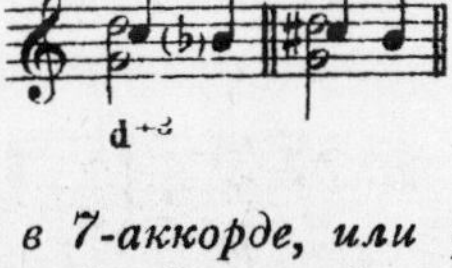

Задержание *терции в 7-аккорде, или 9-аккорде, без основного тона в басу*, дает *случайный полный или неполный 7-аккорд смежной группы в обратном направлении:*

66. 

c) Нисходящее задержание *квинты в трезвучии*, дает как известно, трезвучие на терцию ниже (маж., мин., или увел.)

Нисходящее задержание *квинты в 7-аккорде и большом 9-аккорде* создает *случайное сочетание:*

67. 

Нисходящее задержание *квинты в малом 9-аккорде, без основного тона* (иначе: задержание терции в уменьшенном 7-аккорде) создает *случайное сочетание* ∾ *малому 7-аккорду:*

68. 

68ª 

То же *без септимы* (квинты уменьшенного 7-аккорда) дает *случайное сочетание* ∾ *минорному трезвучию:*

69. 

69ª 

Мы уже встречали это случайное сочетание в статье о ложных трезвучиях. Ч. I. Гл. V. § 18.

Нисходящее задержание квинты часто бросается без разрешения.

69ᵇ 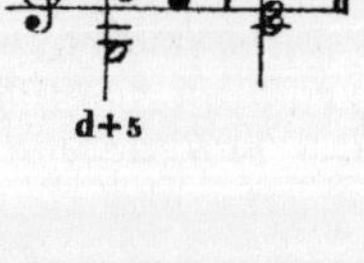

d) Нисходящим задержанием *септимы* может служить *только основной тон аккорда.*

Примечание. Септима не может иметь ни задержания, ни вспомогательной ноты *на полутон выше.*

Основной тон воспринимается, как задержание септимы только *в 9-аккорде*, когда он находится *на расстоянии секунды от ноны или выше ее*, так как в таком положении, как известно, он не может служить аккордовым тоном:

70. 

При этом малый 9-аккорд благозвучнее большого. Тоже возможно и без основного тона в басу; в таком случае имеем нисходящее задержание квинты вводного или уменьшенного 7-аккорда:

71. 

e) Нисходящим задержанием *малой ноны* (септимы уменьшенного 7-аккорда) служит VII♭-ая ст.; создается *случайное сочетание с уменьшенной октавой*:

72. 

72ª 

17. *Нисходящее задержание в двух голосах:*

a) Двойное нисходящее задержание *основного тона и терции трезвучия или 7-аккорда создает случайный 11-аккорд;*

при этом пропускается терция, как аккордовый тон, основной же тон сохраняется одновременно с его задержанием:

73. 

Такой 11-аккорд, как известно, признается правильным аккордом только на VI-ой и II-ой ст., когда он, при полном разрешении, переходит в соседнюю группу в прямом направлении:

74. 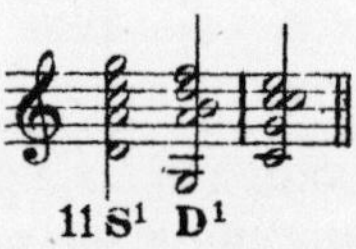

На других же ступенях возможно только разрешение его в трезвучие или 7-аккорд той же ступени, как показано в примере 73, и поэтому мы имеем дело в таком случае с случайным аккордом.

75. 

Если нет основного тона в басу, *басом может служить терция аккорда одновременно с ее же задержанием в верхнем голосе* (только в трезвучии или 7-аккорде V-ой ст, терция в басу невозможна, так как это ведет к удвоению вводного тона).

76. 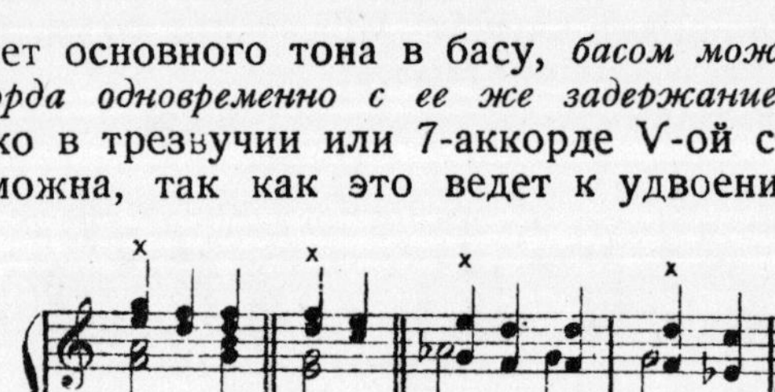

Построенный на II-ой ст., он представляет собой 9-аккорд IV-ой ст., который, при полном разрешении, может переходить в D, как правильный аккорд:

77. 

b) Двойное нисходящее задержание *терции и квинты в трезвучии* дает $^{4}_{6}$*-аккорд от трезвучия на квинту ниже.* При таком двойном задержании в трезвучии V-ой ст. создается так называемый *каденционный* $^{6}_{4}$*-аккорд I-ой ст.*, который и следует разсматривать, по существу, не как правильный, функциональный, а как случайный аккорд:

78. 

Этим об'ясняется, что каденционный $^{4}_{6}$-аккорд приходится в большинстве случаев на сильном времени такта и что в нем удваивается бас, как основной тон трезвучия V ст.

В нем, как случайном аккорде, в свою очередь возможно задержание (ср. пр. 49, 59). Это, как бы двойная апподжиатура к трезвучию доминанты:

79. 

Двойное нисходящее задержание *терции и квинты в 7-аккорде или 9-аккорде* создает *случайный 13-аккорд,* в котором пропускается, ввиду задержания, терция и квинта:

80. 

с) Двойное нисходящее задержание *квинты и септимы в 9-аккорде* создает случайное сочетание:

81. 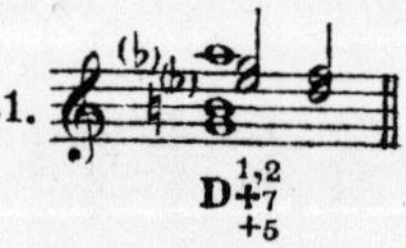

18. *Нисходящее задержание в трех голосах* одновременно, *примы, терции и квинты* трезвучия создает случайный 7-аккорд ступенью выше:

82. 

Восходящие задержания.

19. *Восходящее задержание в одном голосе на расстоянии целого тона* часто встречается в музыке старых мастеров:

83. 

Бах „Wohlt.Clavier“

84. 

В современной музыке, наоборот, оно строится большею частью *на полутон* от своего аккордового тона:

85. 

В доминантаккорде восходящий побочный тон к V ст. может быть *только* на расстоянии полутона:

85ª.

a) Восходящее задержание *основного тона, как трезвучия, так и 7-аккорда,* одновременно с основным тоном в басу или без него, также — *терции или квинты трезвучия,* образует случайные аккорды или случайные сочетания, не требующие каких либо особых замечаний:

86.

При задержании октавы основного тона присутствие последнего вполне благозвучно нетолько в басу, но и в других голосах ниже задержания на расстоянии октавы, как видно в примере 86.

b) Восходящее задержание *терции в мажорном 7-аккорде* создает *случайное сочетание ∾ минорному 7-аккорду.*

87.

87ª.

c) Восходящее задержание *квинты в мажорном 7-аккорде* создает *случайное сочетание ∾ мажорному 7-аккорду с пониженной квинтой.* (U).

88.

88ª.
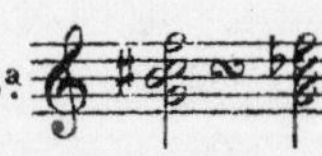

Задержание *квинты в мажорном 9-аккорде без основного тона* (терции вводного или уменьшенного 7-аккорда) создает *случайное сочетание; в малом 9-аккорде, последнее ∾ мажорному 7-аккорду* D:

89. 

89а. 

d) Восходящее задержание *септимы 7-аккорда или 9-аккорда* возможно только на расстоянии полутона.

Такое задержание в *7-аккорде* создает *случайный минорный 7-аккорд* на малую терцию ниже.

90. 

Следующий пример восходящего задержания квинты и септимы малого 9-аккорда взят из сонаты Бетховена Ор. 22:

91. 

Восходящее задержание *септимы в мажорном 9-аккорде без основного тона* (квинты вводного или уменьшенного 7-аккорда) создает *случайное сочетание; в малом 9-аккорде, последнее ∾ мажорному 7-аккорду.*

92. 

92а. 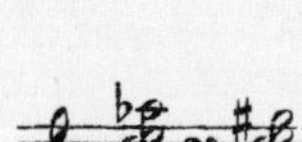

Восходящее задержание *септимы в аккорде* U создает *случайное сочетание ∾ малому 7-аккорду.*

93. 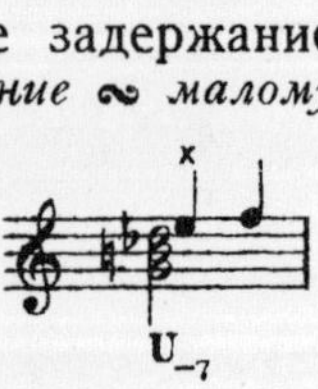

93а. 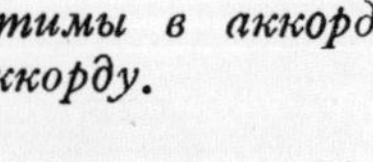

Такое случайное сочетание мы находим в начале „Тристана" Вагнера:

Вагнер „Тристан и Изольда"

93ᵇ. 

Здесь энгармонизм ${}^{3}_{4}U^{-7}_{II}$ с аккордом Z строя es-moll

93ᶜ  создает чарующий слуховой обман.

d) Восходящее задержание *ноны в мажорном 9-аккорде* без основного тона (септимы вводного 7-аккорда) дает *случайный уменьшенный 7-аккорд*:

94. 

20. *Восходящие задержания в двух голосах:*

a) Двойное восходящее задержание *основного тона* и *терции* возможно в *мажорном трезвучии, 7-аккорде и 9-аккорде;* в *мажорном трезвучии* без основного тона в басу оно дает *случайное увеличенное трезвучие*:

95. 

Последнее чаще пишут: 95ᵃ 

Бетховен квартет Op. 127.

96. 

b) Двойное восходящее задержание *терции и квинты* возможно в *трезвучии, 7-аккорде и 9-аккорде.*

В *мажорном 7-аккорде* оно создает *случайное сочетание ∾ малому 7-аккорду:*

97. 
97ª 

В *мажорном 9-аккорде* без основного баса (двойное задержание основного тона и терции уменьшенного 7-аккорда) создается *случайное сочетание ∾ минорному 7-аккорду:*

98. 
98ª 

c) Двойное восходящее задержание *квинты и септимы возможно как в 7-аккорде, так и в 9-аккорде.* В мажорном *7-аккорде* оно создает *случайный малый 7-аккорд*; в мажорном же *малом 9-аккорде* без основного тона (двойное задержание терции и квинты уменьшенного 7-аккорда) *случайное сочетание ∾ минорному 7-аккорду*:

99. 
99ª 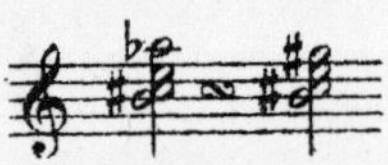

21. *Восходящее задержание возможно одновременно в трех голосах 7-аккорда,* при чем создается *случайный уменьшенный 7-аккорд.* Оно же возможно даже одновременно *во всех четырех голосах 7-аккорда,* при чем создается *случайный мажорный 7-аккорд* на полутон ниже:

100. 

Задержание в противоположном движении в разных голосах.

22. *Двойное задержание одного интервала аккорда в двух голосах*:

а) Двойное задержание *основного тона* возможно *в трезвучии* и *в 7-аккорде*:

101. 

В трезвучии, при отсутствии основного тона в басу, пр. *), создается при этом *случайное сочетание ∾ малому 7-аккорду*.

101a. 

Пример такого случая задержания находим в одном из мотивов Парсиваля Вагнера:

102. 

То же, при „эллиптическом“ разрешении непосредственно в t:

103. 

тут правильная орфография: 103a. автором нарушена

b) Двойное задержание *терции* так же **квинты**, возможно в *трезвучии, 7-аккорде и 9-аккорде*; при этом создаются *случайные аккорды* или *случайные сочетания:*

104. 

105. 

c) Случаи *двойного задержания в противоположном движении разных интервалов аккорда* могут быть очень разнообразны и не требуют особых замечаний.

23. Задержание может быть *одновременно в трех голосах*: нисходящее в двух из них и восходящее в третьем или обратно:

106. 

В первом из этих примеров создается *случайный уменьшенный септаккорд*, часто принимаемый теоретиками за правильный аккорд *); во втором примере образуется *случайное сочетание* ∾ *мажорному 7-аккорду*.

106ᵃ. 

24. Наконец задержание может быть *одновременно в четырех голосах*: восходящее в двух из них и нисходящее в двух остальных, или же восходящее в трех из них и нисходящее в четвертом (также обратно).

Последний случай, при основном тоне в басу, мы видим в известном мотиве из „Гибели Богов“ Вагнера:

---

*) Сравн. Ч. I. Гл. V § 15, с).

Вагнер „Гибель Богов“

107. 

107ª. 

25. Задержанием одновременно в трех и четырех голосах трезвучия пополняются случайные 11-аккорды и 13-аккорды, приведенные уже в § 17 a) и b).

a) Если к *двойному нисходящему задержанию основного тона и терции трезвучия I-ой ст.* присоединить *восходящее задержание основного тона, получим 11-аккорд*, представляющий собой *полный доминантаккорд с тоникой в басу.* Тоже возможно и на других ступенях:

108. 

В замен отсутствующего основного тона, в басу может быть терция аккорда:

109. 

Полный 11-аккорд может быть получен также при двойном задержании терции и восходящем задержании основного тона:

110. 

b) Если к *двойному нисходящему задержанию терции и квинты* трезвучия I-ой ст. присоединить *двойное восходящее задержание основного тона и терции* трезвучия, получим 13-аккорд, представляющий собой *полный большой или малый мажорный 9-аккорд V-ой ст. с тоникой в басу*, или же вводный 7-аккорд (малый или уменьшенный) с тоникой и доминантой в басу. Тоже возможно и в трезвучиях V-ой и II-ой ст.

111. 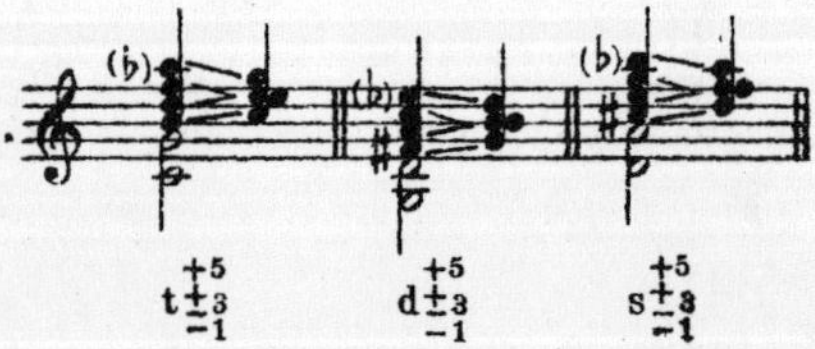

В другом расположении этот же аккорд является результатом *тройного нисходящего задержания основного тона, терции и квинты* и простого *восходящего задержания основного тона*:

112. 

Так же как в 11-аккорде и в 13-аккорде, при отсутствии основного тона в басу, басом может служить терция аккорда:

113. 

Такое расположение 13-аккорда мы видим в начале финала 9-ой симфонии Бетховена, при чем автор нашел возможным прибавить *в среднем голосе* основной тон, несмотря на его двойное задержание, что, несомненно, звучит очень резко:

Бетховен 9ая симфония.

114. 

ГЛАВА III.

Теория модуляции.

1. Модуляцией называется перемена тональности. Строй, в котором изложена наша музыкальная мысль, покидается и мы вступаем на более или менее продолжительное время в новый строй.

Способы, которыми совершается такая перемена тональности, очень разнообразны; выбор того или иного способа модуляции зависит каждый раз от цели и художественного значения такого перехода в новый строй.

2. Модуляция совершается всегда через аккорд, служащий связью между двумя строями. Такой аккорд называется „посредствующим". Перемена строя сводится к тому, что посредствующему аккорду, исполняющему определенную функцию в предшествующей тональности, мы присваиваем новое значение, заставляем его исполнять новую функцию в новом строе.

Способы модуляции.

3. Всевозможные способы модуляции сводятся к двум основным приемам:

1) *модуляция через общие аккорды* и

2) *модуляция через энгармонизм.*

а) Первый прием, безусловно преобладающий, состоит в том, что *посредствующим аккордом при модуляции из данного строя в новый служит аккорд общий этим двум строям.* Такой аккорд, принадлежащий одновременно обоим строям, может тем самым служить связью между ними при модуляции.

Характеристичным признаком посредствующего общего трезвучия служит то, что *за ним следует непременно аккорд, принадлежащий новому строю.*

В громадном большинстве случаев такой общий аккорд лежит либо *в диатонических системах обоих строев,* либо *в диатонической системе одного из них (первого или второго) и в мажоро-минорной или хроматической системе другого.* В дальнейшем *мы примем это условие за правило.*

b) При другом приеме, ***посредствующий аккорд, лежащий в первом строе, благодаря энгармонической замене одного или двух его тонов, становится возможным в другом строе*** и служит таким образом связью между ними.

Рассмотрим подробно каждый из этих способов модуляции в отдельности.

Модуляции через общие аккорды.

Трезвучие, как общий аккорд при модуляции.

4. В большинстве случаев общим аккордом при модуляции является трезвучие. На подробном изучении трезвучия, как, „общего" аккорда мы и остановимся теперь.

Как известно (Ч. I. Гл. V § 7) в хроматической системе мажорное и минорное трезвучие занимает каждое *по 13 положений в мажоре и всего по 10 положений в миноре.* Из этих трезвучий только ***те возможны как общие трезвучия при модуляции, которые могут служить подчиненными тониками в данной тональности*** (см. Ч. I. Гл. V § 12); остальные трезвучия возможны в данном строе только как ***функции подчиненных строев*** и потому не могут служить посредствующими при модуляции из данного главного строя в новый.

Итак общими трезвучиями при модуляции в другой строй могут быть трезвучия следующих степеней:

1) *для мажора:*

маж. трезвучия: II♭ VI♭ III♭ VII♭ IV [I] V II VI III VII
мин. трезвучия: VII♭ IV I V II VI III VII

2) *для минора:*

маж. трезвучия: II♭ VI♭ III♭ VII♭ IV I V II
мин. трезвучия: VII♭ IV [I] V II

Для минора, как известно, отпадают мажорные и минорные трезвучия VI-ой, III-ей и VII-ой ст.

Как в мажоре, так и в миноре, все эти трезвучия содержат ***не менее одного тона, принадлежащего диатонической системе данной тональности.***

Обведенные кругами трезвучия принадлежат мажоро-минорной системе, пунктиром—диатонической системе данного строя.

Из предыдущего следует, что, обратно, ***каждое данное мажорное трезвучие лежит:***

1) в 11-ти мажорных строях,
2) в 8-ми минорных строях;

каждое данное минорное трезвучие лежит:

1) в 8-ми мажорных строях,
2) в 5-ти минорных строях.

6. Как уже сказано в § 3, а), для того, *чтобы трезвучие могло служить общим трезвучием между двумя строями при модуляции, необходимо, чтобы оно лежало в диатонической системе хотя бы одного из них.* Из этого следует, что:

а) *Если трезвучие лежит в диатонической системе данного мажорного строя С, например трезвучие F,* оно может служить общим трезвучием при модуляции из С, в те *10 мажорных строев,* в которых оно приходится на следующих ступенях:

	II♭,	VI♭,	III♭,	VII♭,	(IV),	I,	V,	II,	VI,	III,	VII.
Это будут *мажорные строи:*	E,	A,	D,	G,	(C),	F,	B,	Es,	As,	Des,	Ges.

Так же—в те *8 минорных строев,* в которых оно приходится на следующих ступенях:

	II♭,	VI♭,	III♭,	VII♭,	IV,	I,	V,	II.
Это будут *минорные строи:*	e,	a,	d,	g,	c,	f,	b,	es.

Кроме строев B, F, g, d, a, для которых трезвучие F лежит также в диатонической системе, во всех остальных *оно уже будет принадлежать мажоро-минорной или хроматической системе.*

b) *Если, наоборот, трезвучие лежит в мажоро-минорной или хроматической системе данного мажорного строя С, например трезвучие As;* то, согласно § 3, а), через него возможна модуляция *только в те 6 строев, в диатонической системе коих лежит трезвучие As,* а именно:

Des, As, Es, b, f, c.

6а. Такое же разсуждение показывает нам, что:

а) *Через мажорное трезвучие, лежащее в диатонической системе данного минорного строя с, например через трезвучие Es.* можно модулировать в те *11 мажорных строев,* в которых это трезвучие приходится на ступенях:

	II♭,	VI♭,	III♭,	VII♭,	IV,	I,	V,	II,	VI,	III,	VII.
Это будут мажорные строи:	D,	G,	C,	F,	B,	Es,	As,	Des,	Ges,	Ces,	Fes.

Так-же—в те *7 минорных строев,* в которых трезвучие Es приходится на ступенях:

	II♭,	VI ♭,	(III♭),	VII♭,	IV,	I,	V,	II.
Это будут минорные строи:	d,	g,	(c),	f,	b,	es,	as,	des.

Кроме строев As, Es, B, f, g, для которых Es лежит также в диатонической системе, во всех остальных *оно будет лежать в мажоро-минорной или хроматической системе.*

b) *Через мажорное трезвучие, лежащее в мажоро-минорной или хроматической системе данного минорного строя с, например через трезвучие Des*, можно, согласно § 3, а) модулировать только *в те 6 строев, в диатонической системе коих лежит трезвучие Des*, а именно:

Ges, Des, As, es, b, f.

7. Итак мы видим, что через *мажорное общее трезвучие, лежащее в диатонической системе 1-го строя*, можно модулировать:

а) из *мажорного строя*, в *10* (*11—1*) *мажорных строев*
и в *8* *минорных строев*.
b) из *минорного строя*, в *11* *мажорных строев*
и в *7* (*8—1*) *минорных строев*.

Рассуждая так же, найдем, что через *минорное общее трезвучие, лежащее в диатонической системе 1-го строя*, можно модулировать:

а) из *мажорного строя*, в *7* (*8—1*) *мажорных строев*
и в *5* *минорных строев*
b) из *минорного строя*, в *8* *мажорных строев*
и в *4* (*5—1*) *минорных строев*:

Через *трезвучия, мажорное или минорное, лежащие в мажоро-минорной или хроматической системе I-го строя*, согласно § 3, а), можно модулировать только *в те 6* (*или же 5* (*6—1*) *строев, в диатонической системе коих лежат эти трезвучия*.

8. В прилагаемой таблице указаны всевозможные удовлетворяющие требованию § 3, а) общие трезвучия *) между строями С или с и другими строями. Спешим оговориться: конечно, далеко не все указанные здесь общие трезвучия на практике одинаково удобны для модуляции по разным соображениям; так, совершенно не могут служить общими трезвучиями при модуляции трезвучия первых ступеней 1-го или новаго строя, но противоположного лада, напр. при модуляции из С—трезвучие с, при модуляции из С в Е—трезвучие е. Эти трезвучия поставлены в скобки.

Симметрия между таблицами I-ой и II-ой, также III-ей IV-ой нарушена отсутствием в минорных строях трезвучий крайних ступеней: VI-ой, III-ей и VII-ой (см. § 4); в таблице мажорные трезвучия этих ступеней для наглядности обведены пунктиром.

Из вертикальных столбцов диатонической системы строев С и с видно, что, согласно § 5, каждое *мажорное трезвучие, лежащее в диатонической системе I-го строя, принадлежит всего*

---

*) В таблице буквы обозначают соответствующие трезвучия. (Таблицу см. в конце книги.)

11-ти мажарным строям и 8-ми минорным; каждое *минорное трезвучие, лежащее в диатонической системе I-го строя принадлежит всего 8-ми мажорным строям и 5-ти минорным.* Также, из горизонтальных рядов, мы видим, что, согласно § 4, *строю C принадлежат 11 мажорных трезвучий и 8 минорных, строю же c—8 мажорных трезвучий и 5 минорных.*

8a. Как видно из таблицы, *модуляции через общие трезвучия возможны во все строи, разнящиеся от данного на* **1**, *и до 6 включительно, ключевых знаков.* Их будет 12 одного лада (шесть в сторону диэзов и шесть в сторону бемолей) и 13 другого лада.

Строи, разнящиеся на семь и более ключевых знаков, очевидно, не имеют между собой ни одного общего тона в пределах их диатонических систем, а стало быть и не могут иметь общих трезвучий (см. § 4).

Модуляция через общие трезвучия совершается двояко: *общее трезвучие может быть взято непосредственно*, или же может быть *предварительно сделано отклонение в строи этого трезвучия*, чем модуляция часто становится более гладкой.

9. a) Как видно из таблицы, строй *параллельный* данному (имеющий общие с ним ключевые знаки) совпадает своей диатонической системой с диатонической системой данного строя. *Строи же, отличающиеся от данного на один ключевой знак имеют с ним в пределах их диатонических систем по 2 мажорных и по 2 минорных общих трезвучия.* Все перечисленные здесь строи называются *близкими*, или *первой степени родства.*

Для C близкими строями будут: a, F, d, G, e.

b) *Строи, отличающиеся от данного двумя ключевыми знаками, имеют в пределах их диатонических систем только одну пару общих трезвучий.* Это—строи *второй степени родства.* Для C это будут строи: B, g, D, h.

Общие трезвучия с C в пределах диатонических систем будут Fd для Bg и Ge для Dh, т.-е. как раз строи близкие тому и другому строю.

c) *Строи, разнящиеся от данного тремя, и до шести включительно, ключевыми знаками, не имеют совсем общих трезвучий с данным строем в пределах их диатонических систем.* В них могут быть общими с данным строем только трезвучия, лежащие *в диатонической системе одного строя и в мажоро-минорной или хроматической системе другого.* Все эти строи называются строями *третьей степени родства.* Их будет четыре пары в сторону диэзов и четыре пары в сторону бемолей. Для C это будут строи: Esc, Asf, Desb, Geses и Afis, Ecis, Hgis, Fisdis. Для c—строи: Geses, Cesas, Fesdes, Hesesges и Ca, Ge, Dh, Afis.

10. *Модуляция в строи первой степени родства* (близкие), для которых имеются четыре общих трезвучия, лежащих

в диатонических системах обоих строев, тем самым наиболее естественна, а потому наиболее часто встречается.

Общие трезвучия эти—*тонические трезвучия обоих строев и их параллельных строев:* при модуляции из строев Ca в строи Ge это будут трезвучия: C, a, G, e; из строев же Ca в строи Fd—трезвучия: C, a, F, d; о модуляции через эти диатонические трезвучия подробно говорится во всех учебниках гармонии.

a) Как видно из таблицы, кроме двух пар диатонических общих трезвучий, близкие строи имеют каждый по *одной паре общих трезвучий, лежащих в диатонической системе первого стро́я, но в мажоро-минорной или хроматической системе нового строя*: при модуляции из строев Ca в строи Ge это будут трезвучия: F, d; из строев же Ca в строи Fd—трезвучия: G, e. Модуляция через эти трезвучия приводит *к хроматическому повышению или понижению одного из тонов общего трезвучия, при чем вводится новый ключевой знак второго строя.* Это—так называемая *хроматическая модуляция.*

*)

115. 

115a 

b) При модуляции из строев Ca в строй d через трезвучия C, a и F, содержащие VII♮-ую ст. от строя d, возможны два оборота: 1) либо VII♮-ая ст. идет вниз в VI♮-ую ст., при чем создается фригийская каденция; 2) либо VII♮-ая ст.

*) В этих и во всех последующих примерах ступени обозначают построенные на них трезвучия.

повышается хроматически в VII-ую ст.; последний оборот будем называть: *модуляцией через хроматическое повышение VII♭-ой ст.* (См. § 316). Такое же хроматическое повышение VII♭-ой ст. происходит при модуляции в строй е через общие трезвучия, содержащие эту ступень.

c) Общие трезвучия G и е дают для строя d и другой способ модуляции, *не хроматической*: это—оборот свойственный *мелодическому минору*.

115b.
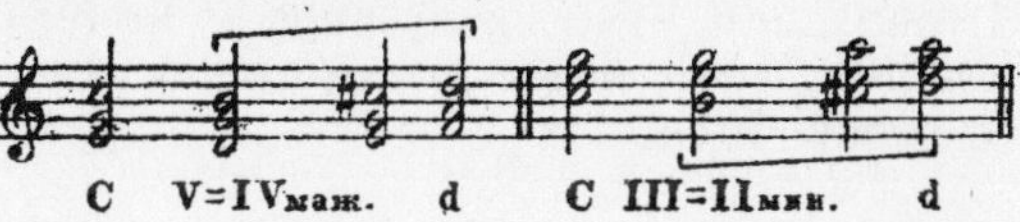

10а. Если мы присоединим к шести консонирующим трезвучиям строев Са для полноты еще седьмое—уменьшенное трезвучие, можно представить всевозможные способы модуляции из Са в Ge и Fd следующими двумя схемами.

а) Для строя d, кроме первого, его тонического трезвучия, все шесть остальных трезвучий дают каждое по *два способа модуляций*:

Трезвучия F, а и С:

1) через *фригийские каденции* или

2) через *хроматическое повышение VII♭-ой ст.*

Трезвучия е, G и h:

1) через *хроматизм* или

2) через *мелодический минор*.

Например:

116.
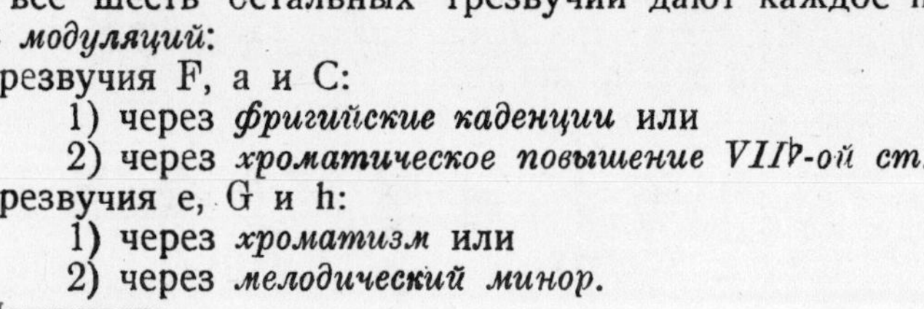

116ª. 

b) Для строя e хроматическое повышение VII♭-ой ст. в двух случаях совпадает с хроматическим введением нового ключевого знака; в одном же случае, при модуляции через трезвучие G, оно дает отдельный способ модуляции: *только через это трезвучие для строя e возможны два оборота*, как при модуляции в строй d:

117. 

117ª. 

11. *Строи второй степени родства* имеют, как известно *два общих трезвучия*, лежащих в диатонической системе обоих строев; это—*тонические трезвучия двух строев близких к тому и другому строю:* при модуляции из Ca в Bg—трезвучия Fd, из Ca в Dh—трезвучия Ge; пользуясь этими общими трезвучиями для модуляции, на практике мы должны избегать двух ходов на квинту подряд, например: C—(F)—B, C—(G)—D; поэтому при модуляции из мажора в мажор мы должны пользоваться минорным общим трезвучием и наоборот.

a) Как видно из таблицы, кроме двух диатонических общих трезвучий, строи второй степени родства имеют еще два общих трезвучия, лежащих *в диатонической системе первого и мажоро-минорной или хроматической системе второго строя*; это будут *тонические трезвучия первого строя и его параллельного строя*: при модуляции из Ca в Bg или Dh—трезвучия Ca. Эти трезвучия дают хорошую модуляцию только в строи g и h; например:

118. 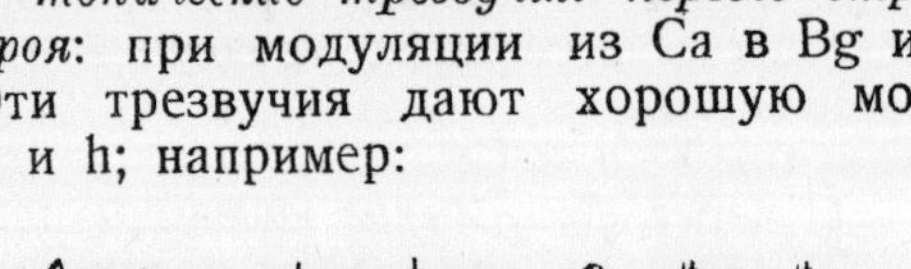

b) Из нашей таблицы видно, что строи как первой, так и второй степени родства имеют, кроме перечисленных, еще другие общие с данным строем трезвучия; это трезвучия, лежащие в мажоро-минорной или хроматической системе первого строя и в диатонической системе нового. Легко убедиться, что все эти трезвучия по своему положению мало пригодны для хорошей модуляции.

12. *Модуляции непосредственно в строи третьей степени родства* звучат *менее естественно*, чем модуляции в строи первой и второй степени родства. Здесь общие трезвучия лежат *в диатонической системе только одного из строев и в мажоро-минорной или хроматической системе другого.* В таких модуляциях следует обращать особенное внимание на плавность голосоведения и тщательно избегать переченья. Все они носят всегда в большей или меньшей степени *характер неожиданности, внезапности, часто, впрочем, вполне уместной и оправдываемой художественными намерениями композитора.* В прилагаемом ряде коротких эскизов таких модуляций будем предполагать, что всюду первый строй C установлен предшествующей музыкой, а новый строй укреплен после перехода в него:

119.

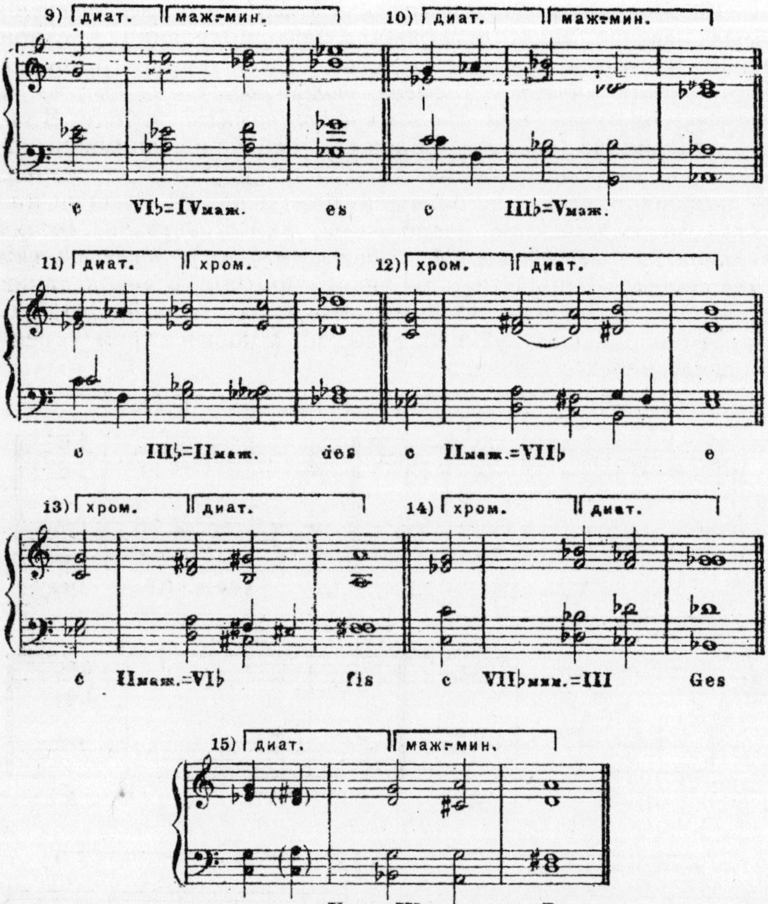

12а. Из всех трезвучий мажоро-минорной системы, могущих служить общими трезвучиями при модуляции в строй третьей степени родства, обыкновенно наиболее удобными для этого считаются *минорное трезвучие IV-ой ст. мажорных строев и мажорное трезвучие V-ой ст. минорных строев,* (см. примеры 2, 5, 10, 15). Как известно, *первое из них служит характеристикой гармонического мажора, второе—гармонического минора.* Оба они лежат *двумя тонами* своими в диатонической системе строя, поэтому модуляции через них, в большинстве случаев, звучат плавнее, глаже.

В учебниках гармонии, непосредственная модуляция в строй третьей степени родства обычно допускается *только* через эти трезвучия. В нашей таблице эти общие трезвучия помечены знаком ‿; как видно из нее, модуляция через них возможна в *строи, разнящиеся от данного строя на 3, 4 и 5 ключевых знака.*

Практически, при модуляции из C в сторону бемолей следует брать за общее трезвучие минорное трезвучие IV-ой ст. (или *сделать отклонение* в минорный строй IV-ой ст.); это переводит нас в строи с тремя, четырьмя и пятью бемолями. При модуляции же из C в сторону диэзов, следует предварительно сделать отклонение в строй параллельного минора, a, и затем брать за общее трезвучие мажорное трезвучие его V-ой ст. (или *сделать отклонение* в мажорный строй V-ой ст.); это приводит нас в строи с тремя, четырьмя и пятью диэзами.

Обратно, при модуляции из a в сторону бемолей следует предварительно сделать отклонение в паралелльный мажор C и брать затем за общее трезвучие минорное трезвучие его IV-ой ст.

120.

13. Для строев, разнящихся междус обой на *семь и более ключевых знаков,* общие трезвучия лежат только, *либо в мажоро-минорной системе обоих строев, либо в мажоро-минорной системе одного из них и хроматической системе другого. Такие строи называются отдаленными.* Модуляции в эти строи с соблюдением условия, указанного в § 3 a) невозможны.

Однако в некоторых случаях, при плавном голосоведении, можно модулировать непосредственно в дальние строи, если, за отсутствием трезвучия, лежащего в диатонической системе одного из строев, считать *общим трезвучием* при модуляции *минорное трезвучие IV-ой ст. мажорного строя* или *мажорное V-ой ст. минорного строя.*

Это отступление от правила указанного в § 3 a) дает возможность модулировать:

из C в as через трезвучие Es
,, C ,, des ,, ,, As
,, C ,, ges ,, ,, Des
,, c ,, E }
,, c ,, H } ,, ,, G
,, c ,, Fis }

Все эти модуляции однако звучат большею частью мало естественно:

121.

121а.

В таблице эти общие трезвучия обведены кружками.

14. Такой же способ модуляции через общее трезвучие, *лежащее в мажоро-минорной или хроматической системе обоих строев* возможен, хотя и с некоторой натяжкой и *в крайние строи третьей степени родства:*

из	C	в	Fis	через	трезвучие	h
„	C	„	Ges	„	„	f
„	C	„	es	„	„	f
„	c	„	ges	„	„	Des
„	c	„	fis	„	„	G
„	c	„	A	„	„ .	G

Например:

122.

122а.
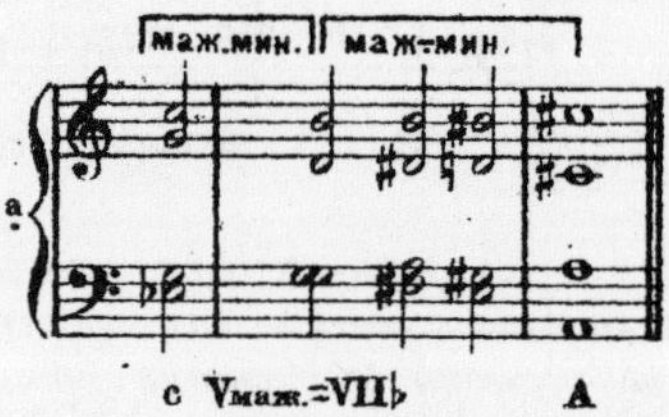

15. Иногда встречаются модуляции, где общими трезвучиями служат *крайние справа и слева трезвучия хроматической системы:* трезвучия V♭-ой IV♯-ой ст. (см. гл. V § 7), не удовлетворяющие требованию § 4.

Такие модуляции должны об'ясняться пропуском того трезвучия, в которое трезвучие V♭-ой ст. разрешается как субдоминанта строя II♭-ой ст., а трезвучие IV♯-ой ст. как доминанта строя VII-ой ст., Напр:

123.

вместо
123а.
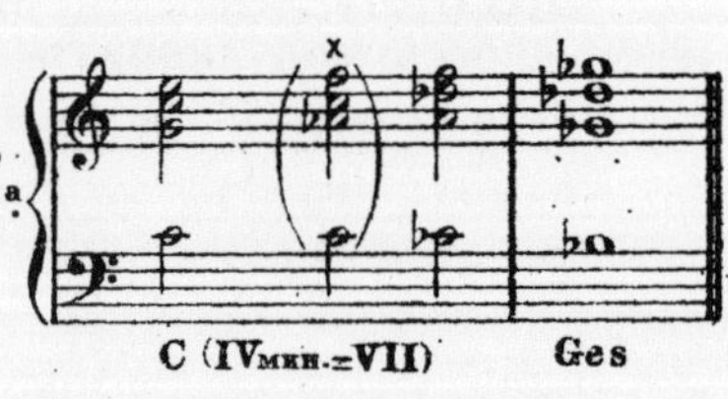

Такие модуляции, где настоящее общее трезвучие, служащее посредствующим аккордом, пропущено, будем называть *эллиптическими.*

16. В мелодических оборотах, лишенных гармонизации, часто, ясно слышится модуляция; при этом общее трезвучие, служащее связью между строями легко может быть определено:

Бах „Wohlt. Cl."

124. 

Бетховен. Соната D dur.

125. 

Бетховен Увертюра „Эгмонт"

126. 

ГЛАВА. IV

Модуляция через общие аккорды

(*Продолжение*).

Диссонирующие аккорды, как общие аккорды при модуляции.

1. Приступая к изучению диссонирующих аккордов в роли общих акордов при модуляции, мы должны внести ограничение в правило, изложенное в гл. III § 3, а)

Общими при модуляции аккордами могут служить *только диссонирующие аккорды, лежащие в диатонической системе или*, в некоторых случаях, *в гармоническом ладе мажоро-минорной системы первого строя.* Только такие диссонирующие аккорды мы будем считать посредствующими при модуляции. Если же участвующий в модуляции диссонирующий аккорд лежит в мелодическом ладе мажоро-минорной системы или в хроматической системе первого строя, посредствующим аккордом естественнее считать не его, а *предшествующий ему аккорд*, обыкновенно трезвучие. Модуляция будет возможна, если это последнее удовлетворяет требованию, изложенному в гл. III § 4.

Уменьшенное трезвучие, как общий аккорд при модуляции

2. Уменьшенное трезвучие входит (см ч. I гл. IV §§ 8, 9 и 10) в построение следующих аккордов мажоро-минорной системы:

127. 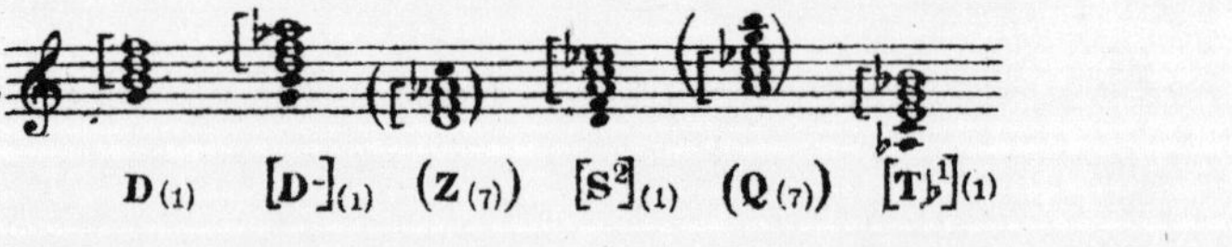

$D_{(1)}$ $[D^{-}]_{(1)}$ $(Z_{(7)})$ $[S^{2}]_{(1)}$ $(Q_{(7)})$ $[T\flat^{1}]_{(1)}$

Аккорды Z и Q поставлены в скобки, так как при *самостоятельном* применении уменьшенного трезвучия, Z лишенное септимы воспринимается естественно как [D], а Q, лишенное септимы—как [S²]:

128.

Остальные четыре аккорда соответствуют четырем положениям уменьшенного трезвучия в мажоро-минорной системе (см. ч. I гл. IV § 2, с)]

129.
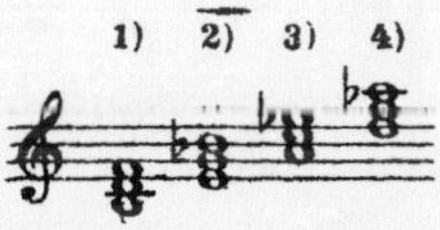

Разрешение их в данном строе будет:

130.

Все четыре разрешения возможны для каждого из четырех уменьшенных трезвучий. Но, согласно § 1, *посредствующим аккордом при модуляции* нам будут служить *только первое*, лежащее в диатоническом мажоре и *второе*, лежащее в диатоническом миноре данного строя.

Поэтому приводим только их четыре разрешения -

131.

131ª.
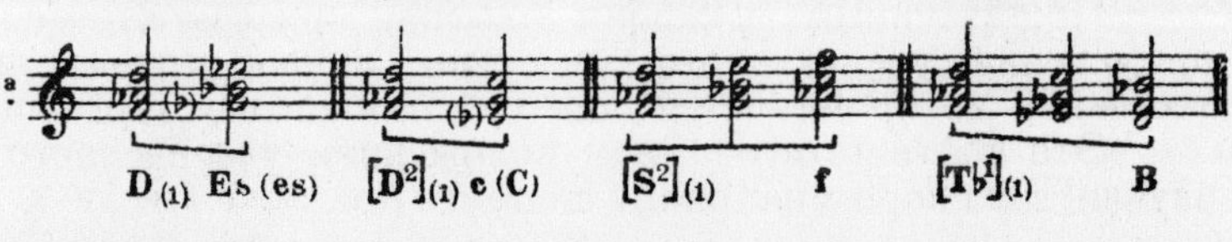

Первый ряд дает нам модуляции *из строя С в строи*: *а* (*A*)., *d и G;* он возможен, с некоторыми ограничениями, и для с, так как трезвучие VII-ой ст. лежит *в гармоническом миноре* строя с. Второй ряд дает нам модуляции *из с в: Es [es], f а B;* он возможен с некоторыми ограничениями, и для С, так как уменьшенное трезвучие II-ой ст. лежит *в гармоническом мажоре.*

Вот примеры таких модуляций:

132. 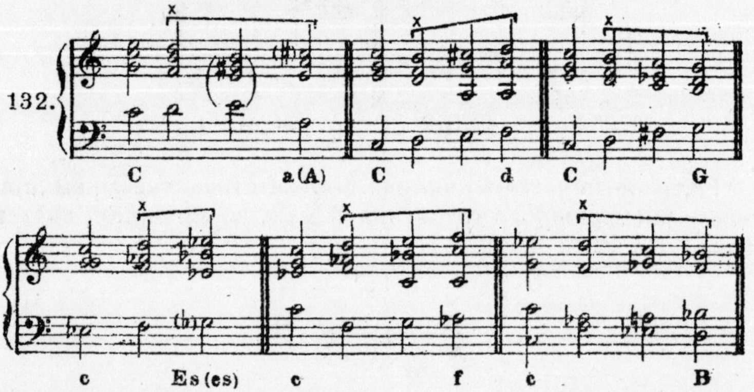

3. В модуляциях, происходящих от разрешений третьего и четвертого уменьшеннаго трезвучия, лежащих *в мелодическом ладе первого строя*, естественнее считать каждый раз посредствующим трезвучием *предшествующее трезвучие*, согласно § 1 этой главы. Тоже подавно надо сказать о всех *хроматических по положению* уменьшенных трезвучиях, лежащих в хроматической системе первого строя; (как известно в хроматической системе-имеются всего 11 (17—6) уменьшенных трезвучий).

Увеличенное трезвучие, как общий аккорд при модуляции.

4. Увеличенное трезвучие входит в построение следующих аккордов:

а) *Аккордов мажоро-минорной системы* (см. Ч. I Гл. IV § 9 и 10):

133. 

Поставленный в скобки аккорд, при самостоятельном применении увеличенного трезвучия лишен септимы и естественно воспринимается как субдоминантная гармония.

Это соответствует двум положениям увеличенного трезвучия в мажоро-минорной системе (см. Ч. I Гл. IV § 2 g),

133ª 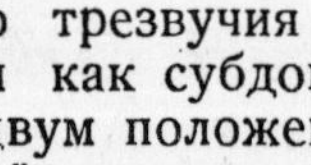

Первый из них принадлежит *гармоничному мажору*, второй—*гармоничному минору.*

Вот всевозможные их разрешения:

Как случайные аккорды (см. Гл. VIII §§ 16 и 19)

Только последнее, полное автентическое разрешение 4) дает возможность применять увеличенные трезвучия, $[Z^1]_{(1)}$, и $[Q']_{(1)}$ как общие аккорды при модуляции. При этом, в четырехголосном сложении *нельзя удваивать в них основного тона*, дающего нону в следующем за ними аккорде.

Первое из них дает модуляцию из C в f, второй из c в G:

b) *Аккорда J, принадлежащего хроматической системе.* Это—функция *интенсивной доминанты.*

Как известно, таких аккордов в хроматической системе всего семь (см. Ч. I Гл. VI § 9).

Главное же положение этого аккорда, дающее разрешение в тонику данного строя—на V-й ст.

136. 

J(7)

В четырехголосном сложении при разрешении увеличенного трезвучия в функции J(7) приходится *удваивать основной тон.*

Этот *третий тип разрешения, примененный к двум увеличенным трезвучиям, дает модуляции в* As и Des, при которых увеличенное трезвучие служит общим аккордом:

137 

c As C Des

5. Итак каждое из этих двух увеличенных трезвучий может иметь всего *три разрешения в разных строях:*  *—в строях* C, f, Des;  *—в строях* c, g, As.

Из всех девяти (см. ч. I гл. V § 14) увеличенных трезвучий данного строя C (c), *только эти два, лежащие в гармоническом мажоре и гармоническом миноре,* (см. § 1), можно считать *общими трезвучиями* при модуляции в два других строя. Вот примеры таких модуляций:

138. 

C f C Des c G c As

Остальные семь увеличенных трезвучий (из них два крайних, на II♭-ой и VI♭-ой ст., не имеют аккорда J) лежат *в хроматической системе* данного строя. Поэтому, если они встречаются в модуляциях, приходится (согласно § 1) считать посредствующим аккордом *предшествующее им трезвучие.* Вот некоторые примеры таких модуляций:

139. 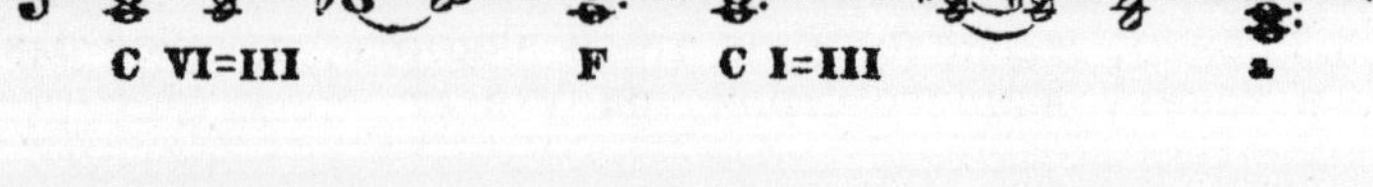

C VI=III F C I=III a

Увеличенное трезвучие не играет большой роли как средство к модуляции через общие аккорды. Гораздо большее значение оно имеет как средство к модуляции через энгармонизм, как увидим дальше.

Септаккорды, как общие аккорды при модуляции.

7. *Мажорный септаккорд* исполняет всего четыре функции в мажоро-минорной системе:

140. 

Это дает нам *четыре разрешения* для мажорного 7-аккорда. Но, согласно § 1, посредствующим аккордом при модуляции может служить только первый: *7-аккорд V-ой* ст. *мажора* и четвертый, *7-аккорд VII♭-ой ст. минора,* как лежащие в *диатонической системе мажора и минора.* Поэтому приводим четыре разрешения только этих двух аккордов:

141. 

141ª. 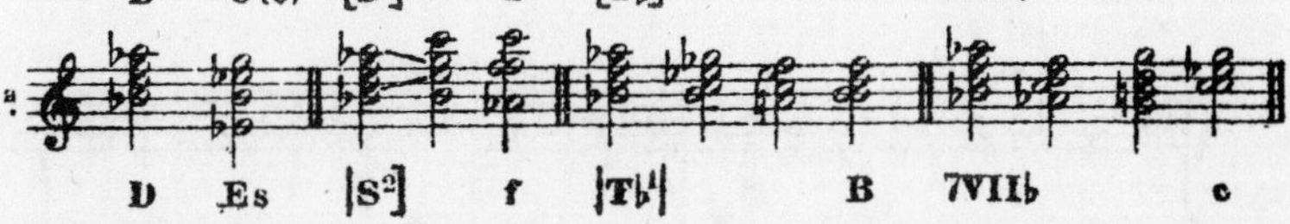

Первый ряд дает нам модуляцию из C в близкие строи: d, G и a. Второй ряд дает нам модуляцию из c в близкие строи: Es, f и B.

Вот примеры таких модуляций:

142. 

Метнер, op. 24 №5.

143.

7а. Встречаются разнообразные случаи модуляций через мажорный 7-аккорд в функции D, в которых однако мы не можем считать его общим аккордом; это—те случаи, когда мы имеем дело с „эллиптической“ модуляцией: общим аккордом между двумя строями мы должны тогда считать *пропущенное* трезвучие, составляющее разрешение D, например.

Gevaert.

144.

8. *Минорный 7-аккорд* занимает всего *шесть положений* в мажоро-минорной системе:

*) При переходе 7VII♭ в D, впрочем, естественнее считать общим аккордом при модуляции не 7VII♭, а предшествующий ему аккорд, в данном случае трезвучие I-ой=VI-ой ст. нового строя.

145. 

Это дает нам *шесть разрешений минорного 7-аккорда*. Согласно § 1 посредствующими аккордами при модуляции нам могут служить: *три первых аккорда для мажора и три последних для минора*. Каждое из них имеет, как видим, *шесть разрешений* и потому может дать модуляцию в *пять новых строев*; итак, мы имеем всего *пятнадцать модуляций для мажора* и *пятнадцать для минора*. Приводим некоторые примеры таких модуляций:

146. 

146a. 

---

*) Для мелод. минора разрешение его будет: 

**) Для мелод. мажора разрешение его будет: 

Из всех 7-аккордов минорный 7-аккорд является самым богатым средством модуляции, как общий аккорд.

9. *Малый 7-аккорд* исполняет всего *четыре функции* в мажоро-минорной системе:

147. 

Это дает нам *четыре разрешения* для каждого из них. Но, согласно § 1, посредствующими аккордами будут нам служить только *первый для мажора* и *второй для минора* (отчасти для мажора); *каждый из них дает по три модуляции в другие, близкие строи* (второй — одну дополнительную для мажора) из C — в a, d и G; из c — в Es, f и B.

148. 

10. *Уменьшенный 7-аккорд* исполняет *только одну функцию*: [D²] в нашей тональной системе и по этому не может служить общим аккордом между двумя строями.

Часто встречаются модуляции, в которых посредствующим аккордом, как будто, служит уменьшенный 7-аккорд. Это случаи *эллиптической* модуляции, при которой общим аккордом между строями служит *пропущенное разрешение уменьшенного 7-аккорда*.

Геварт.Пр.805.

149.
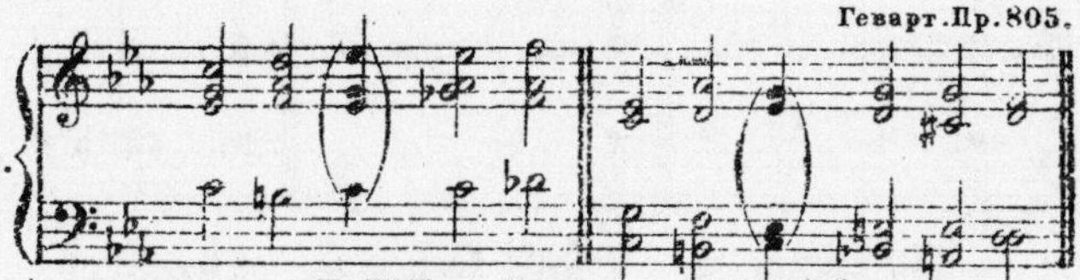

Если же при модуляции происходит или подразумевается *схема орфографии* в уменьш. 7-аккорде, мы имеем дело с *энгармонизмом,* о чем речь будет дальше.

11. *Большой мажорный 7-аккорд* исполняет всего *четыре функции* в мажоро-минорной системе:

150.

Два первых могут служить посредствующими аккордами при модуляци *из мажора, два последних—из минора.* Всего мы имеем *шесть модуляций для мажора* и *столько же для минора; все—в близкие строи*:

из C возможна модуляция в G, e, F, d и a (два случая)
„ c „ „ „ B, g, As, f и Es (два случая)

Вот примеры таких модуляций:

151.

151a.

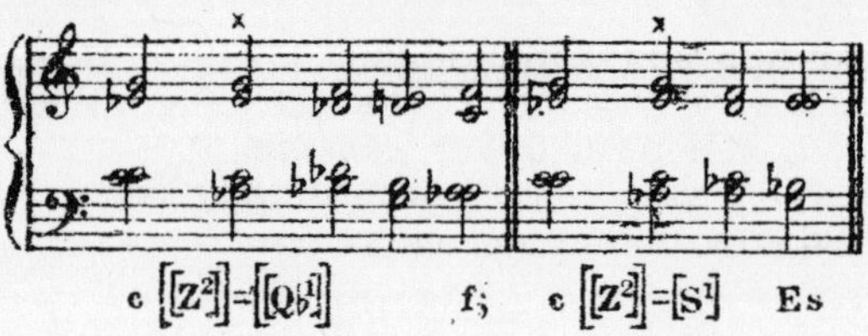

12. *Большой минорный 7-аккорд* исполняет всего *две функции* в мажоро-минорной системе:

152.

что дает возможность модулировать из C в f и из c в G.

153.
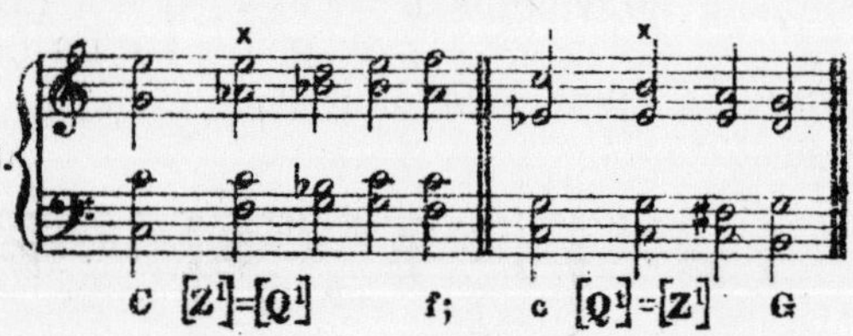

13. *Большой мажорный 7-аккорд с повышенной квинтой* исполняет также *две функции* в мажоро-минорной системе:

154.
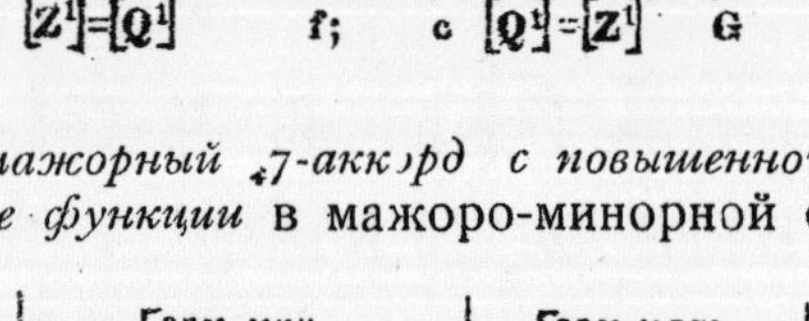

---

*) Хотя аккорд этот разрешается правильно в *мелод.* миноре, по строению своему он принадлежит все-таки *гарм.* минору.

Это дает возможность модулировать в те же два строя: из C в f и из c в G:

155.

14. *Из хроматических аккордов* находим только *два аккорда* способных исполнять *двоякую функцию*:

a) *Мажорный 7-аккорд с пониженной квинтой равен вводному 7-аккорду с повышенной терцией*: U=[J¹]. (См. ч. I гл. VI § 13)

156.

Это дает модуляцию из C(c) или G(g) в Es и обратно. Вот пример такой модуляции:

157.

b) *Уменьшенный 7-аккорд с пониженной терцией равен минорному 7-аккорду II-ой ст. с повышенным основным тоном* (См. ч. I. гл. VI § 3):

158.

Это дает туже модуляцию из C или G(g) b Es и обратно:

159. 

Модуляции через энгармонизм.

15. Энгармонизм, это—совпадение по звучности в нашей темперованной системе аккордов, исполняющих разные функции в различных строях. Энгармонизм наблюдается не только между *правильными аккордами* разных строев, но также, как мы уже знаем, между *случайными аккордами* и многочисленными *случайными сочетаниями*, возникающими благодаря разного вида задержаниям. Пока, займемся исключительно случаями энгармонизма между правильными аккордами, при чем пересмотрим в прежнем порядке всевозможные аккорды.

16. Рассмотрим сначала аккорды мажоро-минорной системы.

a) *Мажорное трезвучие* не подлежит энгармонической замене другими аккордами.

b) *Минорное трезвучие* ∾ $^{3}_{4}$*-аккорду от уменьшенного 7-аккорда с повышенной терцией* [J²] *без квинты*:

160. 

здесь в [J²] пропущена квинта a. Так как минорное трезвучие c принадлежит целому ряду строев, мы имеем возможность модулировать путем указанного энгармонизма из каждого из них в строй E.

c) *Уменьшенное трезвучие* ∾ $^{5}_{6}$*-аккорду от уменьшенного 7-аккорда без терции*:

161. 

Модуляция из C (c) или a—в Fis (fis)

d) *Увеличенное трезвучие* ∾ *6-аккорду увеличенного трезвучия, построенного на большую терцию ниже и* $^{4}_{6}$*-аккорду увеличенного трезвучия, построенного на большую терцию выше*:

162. 

Как видно, основные тоны этих трех увеличенных трезвучий образуют между собою увеличенное трезвучие— Ces--es-g.

Каждое увеличенное трезвучие, как известно из Гл. IV § 5, имеет 3 правильных разрешения в разных строях, наприм.:  в строях c, G и As. Так как аккорд такой звучности может иметь три разных орфографии, то всего он может быть правильно резрешен в 9 разных строях: c, G, As, e, H, C, as, Es, Fes.

Это дает нам всего 8 модуляций из данного строя в другие: 2 из них—через общие аккорды, и 6—через энгармонизм.

e) *Мажорный 7-аккорд* ∾ $^5_6$*-аккорду от уменьшенного 7-аккорда с пониженной терцией*; [U²], *или* $^5_6$*-аккорду от минорного 7-аккорда II-ой ст. с повышенным основным тоном*:

Это дает модуляцию из C (d, G, a) в Fis (Hh) и D:

163. 

f) *Минорный 7-аккорд* ∾ $^5_6$*-аккорду малого 7-аккорда II-й ст. с повышенным основным тоном:* Z♯ (см. ч. I гл. VI § 3):

164. 

Модуляция из целого ряда строев в A.

g) *Малый 7-аккорд* ∾ $^3_4$*-аккорду уменьшенного 7-аккорда с повышенной терцией* [J²]

165. 

Модуляция из C, a, d, G . в Ges.

h) *Уменьшенный 7-аккорд ∾ $\frac{5}{6}$, $\frac{3}{4}$ и 2-аккордам уменьшенных же 7-аккордов трех других строев:*

166. 

Тоники этих строев образуют между собой уменьшенный же 7-аккорд:

166a. 

Это дает модуляцию из C (c) в A (a), Fis (fis) и Dis (dis).

i) *Большие 7-аккорды не дают ни одного случая энгармонизма с другими аккордами.*

17. Перейдем теперь к энгармонизму аккордов хроматической системы между собой.

a) *Мажорный 7-аккорд с пониженной квинтой ∾ $\frac{3}{4}$-аккорду такого же 7-аккорда, строя на уменьшенную квинту ниже:*

167. 

b) *Вводный 7-аккорд с повышенной терцией ∾ $\frac{3}{4}$-аккорду такого же 7-аккорда от строя на уменьшенную квинту ниже:*

168. 

Но так как U=[J¹] (см. § 14),
каждый аккорд этой звучности может иметь всего четыре разрешения, в четырех строях:.

169. 

Строи эти расположены так, что тоники их образуют между собой тот же аккорд U:

169a. 

c) *Вводный 7-аккорд с пониженной терцией ≈ 2-аккорду мажорного 7-аккорда с повышенной квинтой*:

170. 

Как мы уже говорили, вкратце соотношение между аккордами U¹ и J¹ может быть изображено так:

[U¹] [J¹]

≈

U J

См. ч. I гл. VI § 13.

18. *Случайные сочетания и случайные аккорды*, энгармоничные правильным аккордам другого строя (см. гл. II §§ 16—24) могут служить богатым средством к модуляции. Приведем несколько примеров таких модуляций.

Каждый такой случай энгармонизма может служить средством и к обратной модуляции, причем правильный аккорд первого строя превращается в случайное сочетание или случайный аккорд второго строя.

a) *Уменьшенный 7-аккорд с нисходящим задержанием терции ≈ малому 7-аккорду*:

171. 

Пример модуляции:

172. 

b) *Мажорный 7-аккорд с пониженной квинтой при восходящем задержании септимы ≈ $\frac{3}{4}$-аккорду от малого 7-аккорда:*

173. 

Пример модуляции:

174.

Этот случай энгармонизма, в начале вступления к Тристану Вагнера, хотя и не приводящий к модуляции, но намекающий на возможность ее, уже был приведен нами раньше (см. пример 93 b)

c) *Мажорный 7-аккорд с двойным восходящим задержанием терции и квинты ∾ малому 7-аккорду.*

175.

Пример модуляции:

176.

d) *Уменьшенный 7-аккорд с двойным восходящим задержанием терции и квинты ∾ 2-аккорду от минорного 7- аккорда:*

177.
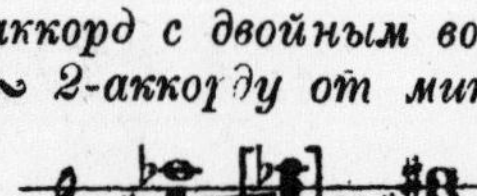

Пример модуляции:

178.

e) *Мажорное трезвучие с двойным задержанием основного тона ∾ малому 7-аккорду.* (См. гл. II § 22):

179. 

Пример модуляции:

180. 

f) *Мажорный 7-аккорд с тройным восходящим задержанием терции, квинты и септимы* ≂ *уменьшенному 7-аккорду, или его обращениям, в других строях*:

181. 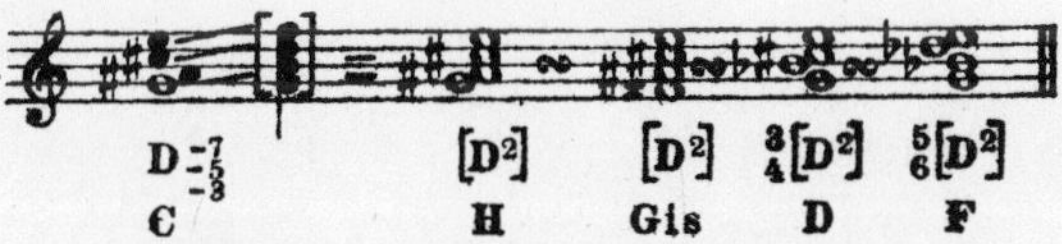

Пример модуляции:

182. 

Этот случай энгармонизма, но с переходом обратно от аккорда к случайному сочетанию, мы видим в прекрасной модуляции, повторяющейся три раза в „Confutatis“ из Реквиема Моцарта:

Моцарт „Реквием“

183. 

19. Средством к модуляции может служить и *энгармонизм между двумя случайными сочетаниями*. Например:

Геварт, пр. 830.

184.

Случаи, подобные приведенному, могут быть бесконечно разнообразны.

ГЛАВА V.

О свойствах модуляций в связи с исполняемыми ими функциями.

1. До сих пор мы подвергли подробному анализу все возможные приемы модуляции. Постараемся теперь разобраться в разнообразных *свойствах модуляции* в связи с тем, каково их назначение и положение в сочинении: характер и приемы модуляций зависят в каждом отдельном случае от художественного значения данного перехода в новый строй.

Модуляции разделяются на две большие группы: *средитональные отклонения* и *модуляции, устанавливающие новый временно господствующий строй.*

Средитональные отклонения.

Музыкальное построение, в котором излагается главная мысль сочинения, обыкновенно в форме простого или более или менее сложного периода, придерживается в громадном большинстве случаев одной определенной тональности, которая и является таким образом *господствующим строем.* Однако в пределах такого построения очень часто встречаются временные отклонения в другие тональности, а именно *в строи, лежащие, либо диатонической, либо мажоро-минорной своей системой, в пределах главного строя.* Как уже известно нам, такие строи называются *подчиненными* главному, господствующему строю, а отклонения в них —*средитональными.* Так как строи эти лежат *в пределах главного строя,* при отклонении в них, мы ясно сознаем, что *главный строй на самом деле нами не покидается* и остается господствующим.

а) *Отклонение в подчиненный строй может быть полным,* при чем мы остаемся в новом строе иногда в продолжении нескольких тактов, или же *мимолетным, иногда, не завершенным,* при чем мы ограничиваемся лишь доминантой нового строя и переходим обратно в главный строй или в другую подчиненную тональность. Напр:

Шуман Op.12.

185. 

Средитональные отклонения могут следовать подряд одно за другим:

Шопэн Op.56.

186. 

b) Бетховен строит иногда одно из предложений периода целиком в подчиненной тональности:

Бетховен 6ая Симф. Op.68, 3ья часть

187. 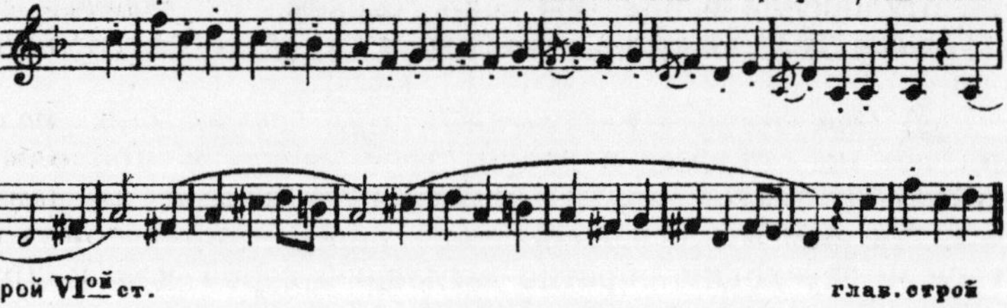

c) Чаще всего средитональные отклонения делаются в строи близкие к главному; но они вполне возможны, как видим из вышеприведенных примеров, и в подчиненные строи второй и третьей степени родства. Средством к средитональным отклонениям служат большею частью общие аккорды; модуляции через энгармонизм встречаются здесь редко.

d) Вещи, написанные в форме одного периода или в двухчастной и простой трехчастной форме, в большинстве случаев придерживаются одного господствующего строя. Все встречаемые в них отклонения надо признать средитональными. Смотри прелюдии Шопена, Скрябина, прелюдии к фугам и отдельные танцы из сюит Баха и т. д.

Модуляции, устанавливающие новый, временно господствующий строй.

Модуляции в строи, *не могущие служить подчиненными тониками* в господствующем строе, тем самым выводят нас из пределов последнего и заставляют переходить в новый, временно господствующий строй; господство такого отдаленного строя бывает обыкновенно непродолжительно, иногда мимолетно.

Но модуляции в строи, *лежащие в пределах господствующего строя*, могут также привести к смене последнего и к установлению нового господствующего строя. В такие именно строи мы модулируем в тех случаях, когда *предшествующий строй покидается на продолжительное время.*

Будем такую модуляцию называть *„полной"*.

a) Для *полной модуляции из главного строя в близкие строи*, в особенности в строй доминанты, приходится нередко прибегать к более сложному приему, чем для модуляции в более отдаленные строи. Так для полной модуляции в строй V-ой ст., обыкновенно делается предварительное отклонение в другой близкий строй, напр. в строй II-ой ст., т. е. доминанты от доминанты.

Без этой предосторожности, первый строй может всегда казаться господствующим:

188.
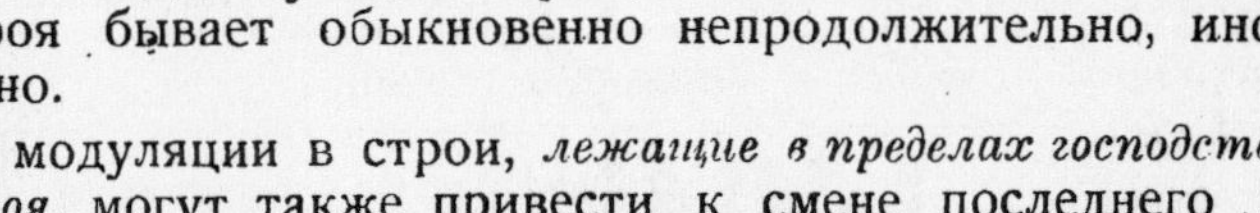

Очень удачный пример полной модуляции в строй доминанты мы находим в „Danza Sinfonica" ор. 40 № 2 Метнера:

188a. 

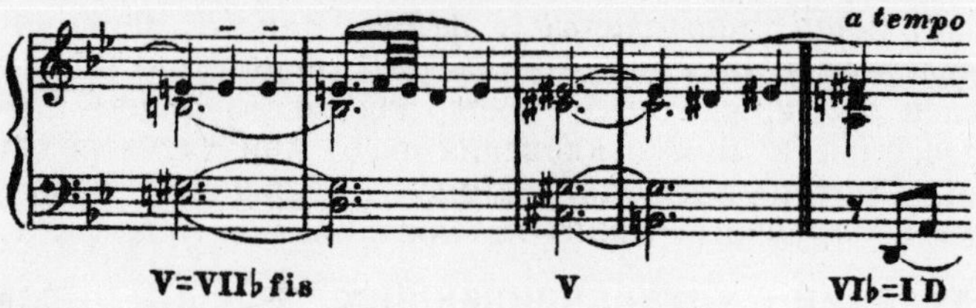

Здесь автор прибегает к отклонению в отдаленный строй fis.

b) Напротив, *полная модуляция в строй третьей степени родства и в отдаленные строи*, может быть иногда *короткая*: через один аккорд общий двум строям или, в особенности, путем энгармонизма, прежний строй может быть быстро и решительно покинут и водворен новый:

Бетх. Op.106.

189. 

Бетховен 9ая Симфония.

190. 

4. Переход к новому, временно господствующему строю, может носить разный характер и иметь разное назначение. Ограничимся здесь только несколькими общими указаниями, конечно, далеко не исчерпывающими этого сложного вопроса.

5. *Побочный строй.*

a) В сочинении, написанном в *сонатной форме* или *форме рондо-сонаты*, кроме *главной* партии, имеется еще вторая, *побочная партия*. С ней вместе водворяется новая тональность, *побочный строй*, который в свою очередь становится временно господствующим.

Побочным строем *никогда не может служить строй субдоминанты*. Дело в том, что тоника всякой мажорной тональности служит доминантой в строе ее IV ст. и потому при водворении субдоминантного строя, *главный строй становится как бы подчиненным побочному*, что противоречит идее построения сонатной экспозиции. По той же причине, при мажорном главном строе, для побочного строя *избегаются вообще строи в сторону бемолей*: очень редки и не заслуживают подражания примеры побочных партий в строях III♭-ой или VI♭-ой ст.

При мажорном главном строе, побочными строями могут служить: мажорный строй V-ой ст., мажорные (реже минорные) строи VI-ой и III-ей ст.

При минорном главном строе, побочными строями служат: минорный строй V-ой ст., мажорные строи III♭-ей (парал. маж.) и VI♭-ой ст.

В побочном строе в свою очередь возможны всякие среднтональные отклонения.

6. *Эпизодический строй.*

b) В *сложной трехчастной форме* средняя часть, трио, пишется всегда в *новом строе*. В данном случае *строй субдоминанты* не только не избегается, но встречается даже чаще других строев. Кроме субдоминанты возможны также строи *верхней или нижней медианты или одноименный строй противоположного лада*. Новый строй устанавливается иногда *непосредственно*, без предварительной модуляции. Переход обратно из эпизодического строя в главный строй совершается часто путем модуляции через ряд промежуточных строев. Смотри: Шуман op. 12, In der Nacht.

b) У Шумана *средняя часть простой трехчастной формы* часто написана в *новом строе*, даже с самостоятельным музыкальным содержанием, как бы трио, например: op. 12 Grillen, Aufschwung, op. 6 № 3. В двух последних примерах первый период кончается каденцией в подчиненном строе, из чего мы заключаем, что форма песни не завершена и должна следовать ее вторая и третья часть. Это—промежуточная форма между простой и сложной трехчастной формой.

c) В таких же новых строях пишутся „эпизоды“ рондо.

6a. Иногда в разных частях сочинения, господствующий строй покидается и, большею частью путем полной каденции, водворяется временно новый строй, иногда отдаленный, в котором излагается более или менее длинный *эпизод* *), *часто с новым музыкальным содержанием*; после него мы либо возвращаемся в прежний господствующий строй, либо модулируем дальше.

a) Такие эпизоды встречаются при переходе из трио к 3-ей части сложной трехчастной формы, или из 2-ой к 3-ей части простой трехчастной формы. Например, в Intermezzo Шумана, ор. 4 № 3,—эпизод в Des-dur; так же у Бетховена, в скерцо сонаты ор. 2 № 2,- эпизод в gis-moll:

191.

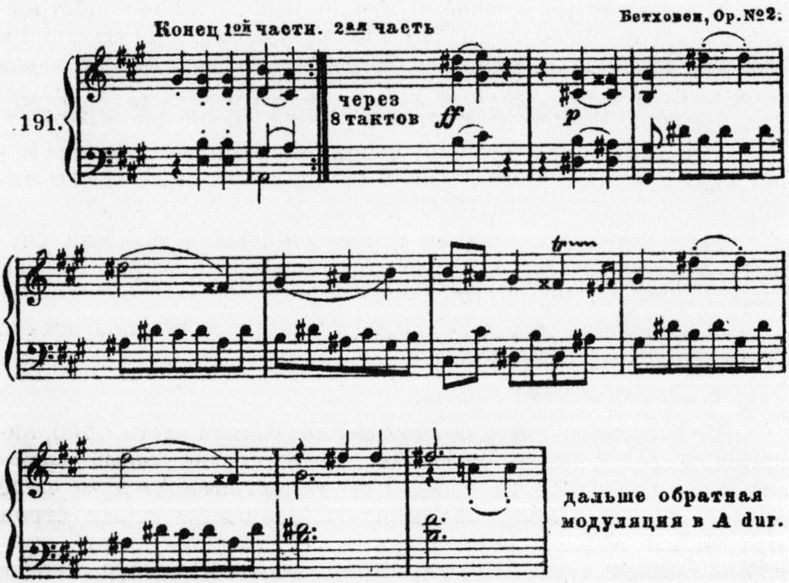

b) В сонатных экспозициях такие эпизодические строи встречаются реже; примером может служить длинный эпизод в отдаленном строе es-moll в экспозиции fis-moll'ной сонаты Шумана, ор. 11.

Эпизодические строи встречаются чаще в разработках сонатной формы. Так, у Бетховена в разработке первой части 3-ей, героической, симфонии—эпизод в e-moll:

---

*) Эпизод—не в смысле „эпизода“ рондо.

Бетховен 3ья Симфония

192. 

 и т. д.

7. В исключительных случаях, модуляции, большею частью короткие, в отдаленные строи, *заменяют собой по своему положению средитональные отклонения*.

а) Это может встретиться в пределах периода:

Вагнер „Парсиваль"

193. 

Здесь связь между дальними строями c и e лежит в энгармонической замене уменьшенного 7-аккорда с повышенной терцией без квинты $[J^2]_{(5)}$, e-moll'ным трезвучием:

193а 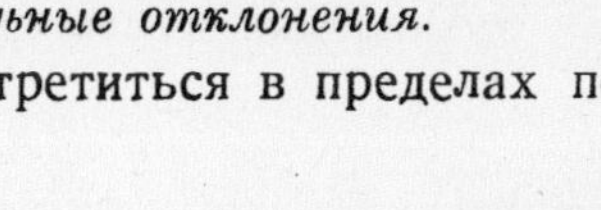

См. гл. IV § 16.

В следующем примере мы видим отклонение в отдаленный строй пониженной тоники главного строя, предшествующее средитональному отклонению в h-moll:

Бетх. Op. 27 №2.

194.

b) Иногда в пределах одного периода встречается *целый ряд отклонений в дальние строи.* Такой ряд отклонений образует иногда *секвенцию строев* по большим или малым терциям и приводит в конце концов к *энгармоническому унисону.* Это—так называемая *циклическая модуляция.*

Вагнер „Лоэнгрин"

195.

c) Обычное повторение первого периода в главном строе, в виде исключения, Бетховен заменяет повторением его в новом далеком строе, в as-moll'ном похоронном марше сонаты op. 26: период, завершенный каденцией в подчиненном строе III♭-ой ст., т. е. в Ces, повторяется в h-moll, кончаясь так же в строе III♭-ной ст., т. е. в D. При обратной модуляции D принимается за VII-ую ст. от строя Es , доминанты главного строя.

d) Короткие отклонения в дальние строи встречаются также во *второй части двухчастной формы* и в *средней части трехчастной формы*, большею частью через энгармонизм:

Шуман Op. 2.

196.

Шопэн Op. 26 №1.

197.

Модуляции, выходящие за пределы главного строя встречаются на каждом шагу в разработках сонаты, в свободно написанных фантазиях (так, у Баха в больших прелюдиях к органным фугам), наконец, во *вступлениях к большим сочинениям*, где главный строй намеренно не сразу устанавливается: так, у Бетховена во вступлении к увертюре, „Леонора“, к 4-ой симфонии.

---

*) Посредствующим трезвучием при модуляции здесь служит поставленное в скобки, подразумеваемое трезвучие: G I=VII A.

**) D—здесь тональность ре мажор.

Приложение к 1-й части.

Таблица

Маж.-минорная система.	I^ая ст.	II^ая ст.	III^ья ст.	IV^ая ст.
Мажорный 7-акк.	 $[T^1_\flat]$ Мел.маж.	—	—	 $[S^2]$ Мел
Минорный 7-акк.	 $[Q^1_\flat]$ Минор.	 S Мажор. Мел.мин.	 $[[T^1]]$ Мажор.	 $[Z^2]$ Мин
Малый 7-акк.	—	 Z Гар.маж. Минор.	 $[[T^1_\flat]]$ Мел.маж.	—
Уменьш. 7-акк.	—	—	—	—
Больш. маж. 7-акк.	 $[T^1]$ Мажор.	—	 $[[Q^1_\flat]]$ Минор.	 $[S^1]$ Ма
Больш. мин. 7-акк.	 $[Q^1]$ Мел.мин.	—	—	 $[Z^1]$ Гар
Больш. маж. 7-акк. с увел. квинтой.	—	—	 $[[Q^1]]$ Мел.мин.	—
Хроматическая система.				
Мажорный 7-акк. с пониж. квинтой.	—	—	—	—
Малый (вводный) 7-акк. с пониж. терцией.	—	—	—	—
Уменьш. 7-акк. с пониж. терцией.	—	—	—	—
Мажорный 7-акк. с повыш. квинтой.	—	—	—	—
Малый (вводный) 7-акк. с повыш. терцией.	—	—	—	—
Уменьш. 7-акк. с повыш. терцией.	—	—	—	—
Минор. 7-акк. с повыш. основ. тоном.	—	 $S_\sharp$	—	—
Малый 7-акк. с повыш. основ. тоном.	—	 $Z_\sharp$	—	—
Больш. маж. 7-акк.	—	 $Z_\flat$	—	—
Минорный 7-акк.	—	—	—	—

аккордов.*

	VI-ая ст.	VII-ая ст.	Соотношение септаккордов по звучности.
мажор. рм. мин.	—	7VII♭ Мел.маж. Минор.	$\backsim \frac{5}{6}[U^2], \frac{5}{6}S_\sharp$
Мел.маж. Минор.	[S¹], T Мажор.	—	$\backsim \frac{5}{6}Z_\sharp$
—	[S²], Q Мел.мин.	[D¹] Мажор.	$\backsim \frac{3}{4}[J^2]$
—	—	[D²] Гар. маж. Гар. мин.	
—	[Z²], Q♭ Минор.	—	
—	—	—	
—	[Z¹], T♭ Гар маж.	—	
	—	—	$U = [J^1]$
—	—	[U¹]	$[U^1] \backsim 2J$
—	—	[U²]	$[U^2] \backsim 2D$
	—	—	$J \backsim \frac{5}{6}U^1$
—	—	[J¹]	$[J^1] = U$
—	—	[J²]	$[J^2] \backsim \frac{3}{4}[D^1]$
—	—	—	$S_\sharp \backsim 2D$
—	—	—	$Z_\sharp \backsim 2S$
—	—	—	
—	—	7VII♭ мин.	

Построенные, как маж. субдоминантная гармония, на II-ой и IV-ой ст., эти аккорды являются результатом средитонального отклонения в строй V-ой ст.

---

* Уважаемые читатели! По независящим от издательства причинам (дефект оригинала издания) в таблице отсутствует средний столбец, расположенный между столбцами IV-ая ст. и VI-ая ст.

Приложение ко 2-й части (с. 44).

Таблицы общих трезвучий

в пределах: 1) диатон. систем обоих строев,
них и мажороминорной или

Тональныя системы строя C

Таб. I

Строи	Хром.	Маж.-Мин.	Диатон.	Хром.
C $\overset{6}{-}$ Ges	Des♭		F	
C $\overset{5}{-}$ Des	Des♭	Asf	F, C	
C $\overset{4}{-}$ As	Des♭	Asf, Es(c)	F, C, G	
C $\overset{3}{-}$ Es		Asf, Es(c), Bg	Fd, C, G	
C $\overset{2}{-}$ B		Es(c), Bg	Fd, Ca, G	
C $\overset{1}{-}$ F		Bg	Fd, Ca, Ge	
[C $\overset{0}{-}$ C] близкие строи			[Fd, Ca, Ge]	
C $\overset{1}{-}$ G			Fd, Ca, Ge	Dh
C $\overset{2}{-}$ D			F(d), Ca, Ge	Dh, A
C $\overset{3}{-}$ A			Fd, C(a), Ge	Dh, A, E
C $\overset{4}{-}$ E			Fd, Ca, G(e)	A, E, H
C $\overset{5}{-}$ H			Ca, Ge	E, H
C $\overset{6}{-}$ Fis			Ge	H
маж.	1 –	2 – 3 – 4 –	5 – 6 – 7 –	8 – 9 10 11
мин.	– 1	– 2 – 3 – 4	– 5 – 6 – 7	– 8

Таб. III

Строи	Хром.	Маж.-Мин.	Диатон.	Хром.
C $\overset{9}{-}$ ges	(Des)		нет общих трезв. лежащих в диат. системе того или другого строя	
C $\overset{8}{-}$ des		(As)		
C $\overset{7}{-}$ as		(Es)		
C $\overset{6}{-}$ es	Des♭		F	
C $\overset{5}{-}$ b	Des♭	Asf	F, C	
C $\overset{4}{-}$ f	Des♭	Asf, Es(c)	(F), C, G	
C $\overset{3}{-}$ c		Asf, Es(c), Bg	Fd, (C), G	
C $\overset{2}{-}$ g		Es(c), Bg	Fd, Ca, (G)	
C $\overset{1}{-}$ d		Bg	Fd, Ca, Ge	
C $\overset{0}{-}$ a близкие строи			Fd, Ca, Ge	
C $\overset{1}{-}$ e			Fd, Ca, Ge	Dh
C $\overset{2}{-}$ h			Ca, Ge	Dh, A
C $\overset{3}{-}$ fis			Ge	Dh, A, E
C $\overset{4}{-}$ cis				A, E, H
C $\overset{5}{-}$ gis				E, H
C $\overset{6}{-}$ dis				H
маж.	1 –	2 – 3 – 4 –	5 – 6 – 7 –	8 – 9 10 11
мин.	– 1	– 2 – 3 – 4	– 5 – 6 – 7	– 8

между двумя строями *

2) диат. системы одного из хроматической системы другого.

Тональныя системы строя c

Таб. II

Строи	Хром.	Маж.-Мин.		Диатон.			Хром.
fis	D						
h	D,	G					
e	D,	G, (C)					
a		G, (C),	Fd	Bg,			
d		(C),	Fd	Bg,	Esc		
g			Fd	Bg,	Esc,	Asf	
c]	близкие строи			[Bg,	Esc,	Asf]	
f				Bg,	Esc,	Asf	Des b
b				(B),	Esc,	Asf	Des b
es				B,	(Es),	Asf	Des b
as				B,	Es,	(As)	
des					Es,	As	
ges						As	
маж.	1 –	2 – 3 –	4 –	5 –	6 –	7 –	8 –
мин.			– 1	– 2	– 3	– 4	– 5

Таб. IV

Строи	Хром.	Маж.-Мин.		Диатон.			Хром.
Fis	нет общих трезв.	(G)					
H	лежащих в диат.	(G)					
E	системе того или другого строя	(G)					
A	D			Bg			
D	D,	G		Bg,	Esc		
G	D,	G, (C)		B(g),	Esc,	Asf	
C		G, (C),	Fd	Bg,	Es(c),	Asf	
F		(C),	Fd	Bg,	Esc,	As(f)	
B			Fd	Bg,	Esc,	Asf	
Es	близкие строи			Bg,	Esc,	Asf	
As				Bg,	Esc,	Asf	Des b
Des				B,	Esc,	Asf	Des b
Ges				B,	Es,	Asf	Des b
Ces				B,	Es,	As	
Fes					Es,	As	
Heses						As	
маж.	1 –	2 – 3 –	4 –	5 –	6 –	7 –	8 –
мин.			– 1	– 2	– 3	– 4	– 5

1) В *диатонической* системе *новаго строя* лежат трезвучия *неподчеркнутыя*.
2) В *мажороминорной* „ „ „ помеченныя снизу *одной чертой*
3) В *хроматической* „ „ „ „ *двойной чертой*
4) Минорное трезвучие IV[ой] ст. мажорных строев и мажорное трезвучие V[ой] ст. минорных строев помечены снизу)
5) *Мажорныя трезвучия VI[ой] III[ей] и VII[ой] ст.*, принадлежащия только мажору, *обведены пунктиром*.
6) Кругами обведеные трезвучия, не лежащия в диатон. системе ни одного из двух строев.
7) Горизонтальные ряды цыфр под таблицами указывают на число мажорных и минорных трезвучий, принадлежащих первому строю.
8) Вертикальные ряды цыфр показывают числа ключевых знаков между первым и новым строем.

* Уважаемые читатели! По независящим от издательства причинам (дефект оригинала издания) в таблице отсутствует начало первого столбца Таб. I и Таб. IV.

ОГЛАВЛЕНИЕ

ЧАСТЬ I.

ЧАСТЬ II.